GRAMÁTICA
DE LA LENGUA LATINA

Eduardo Valentí Fiol (†)
Catedrático de Enseñanza Media

GRAMÁTICA DE LA LENGUA LATINA

Morfología y Nociones de Sintaxis

Décima edición

© 1999, Editorial Bosch, S.A.
Comte d'Urgell, 51 bis
08011 Barcelona
Depósito Legal: B.41.849-2003
ISBN: 978-84-7676-584-5

IMPRESO EN ESPAÑA PRINTED IN SPAIN

Puresa, S.A. – Girona, 206 – 08203 Sabadell (Barcelona)

GENERALIDADES

1. La Lengua Latina. – El Latín fue primitivamente la lengua hablada en el Lacio, pequeña comarca de la Italia central, a la orilla izquierda del Tíber. Esta lengua, junto con otros dialectos, como el osco y el umbro, formaba la rama itálica de la gran familia de lenguas indoeuropeas que se extendió por toda Europa y parte del Asia, y cuyos otros principales representantes son el sánscrito, el iranio, el griego, el eslavo, el báltico, el germánico y el celta.

Las armas romanas hicieron la fortuna del latín. La ciudad de Roma, que empezó siendo hacia el siglo VIII antes de Jesucristo un pequeño pueblo de agricultores, se con-virtió pronto en capital del Lacio y extendió después su autoridad sobre toda la península italiana. Las guerras con Cartago le dieron el dominio sobre el Mediterráneo occidental, España, Norte de África y costas meridionales de Francia. Los países de la parte oriental del Mediterráneo no tardaron en caer bajo la influencia del nuevo poder y pronto se convirtieron en provincias romanas.

En el siglo I antes de J.C., Roma, convertida en cabeza de un imperio mundial, se dio las instituciones adecuadas a su nueva función. El régimen imperial fue establecido en sus líneas esenciales por Julio César y su sucesor Augusto. En aquel tiempo el Imperio se extendía sobre lo que hoy son los países siguientes: Italia, España y Portugal, Francia, Gran Bretaña, Bélgica, provincias alemanas del Rin, Bohemia, Suiza, países danubianos de la Europa Central, Península Balcánica, Asia Menor, Siria, Palestina, Egipto y costa mediterránea del África.

La lengua oficial de este Imperio era el latín, que paulatinamente fue suplantando las viejas lenguas indígenas; pero en los países orientales del Mediterráneo dominaba el griego, que por su alta significación como lengua de cultura, pudo resistir ventajosamente a la expansión del idioma romano. Así el latín se extendió de preferencia por el Occidente europeo.

En estas regiones el latín fue evolucionando lentamente y adaptándose a las particularidades lingüísticas de cada una de ellas. Al romperse la unidad del Imperio ante el empuje de los pueblos nórdicos, desapareció el principal sostén de la unidad lingüística y se hizo posible la aparición de un sinnúmero de dialectos que con el tiempo habían de convertirse en las lenguas romances modernas.

Nuestra lengua española no es más que la lengua imperial de Roma modificada por el genio particular de nuestro pueblo y por las diversas influencias que desde entonces se han ejercido en nuestro país.

Estudiar el latín es, pues, a la vez estudiar el idioma de nuestros antepasados, la fuente de nuestra lengua actual y el lazo de parentesco que la une con las demás lenguas modernas del Occidente de Europa, especialmente el portugués, el francés, el italiano y, en cierta medida, el inglés. Es, además, estudiar el vehículo de la cultura europea moderna y el medio de que se ha valido durante siglos, y se vale todavía la Iglesia Romana para ejercer su autoridad y definir su doctrina.

2. El Alfabeto Latino. – El alfabeto latino, derivado de un alfabeto griego, es, esencialmente, el mismo que el español. Hacia el siglo I de nuestra era constaba de los 23 signos siguientes:

A B C D E F G H I K L M N O P Q R S T V X Y Z
a b c d e f g h i k l m n o p q r s t u x y z

En muchas ediciones modernas de textos latinos se usa, además, la *j* para designar el sonido de la *i* consonante; ejemplos: *juvenis*, *jam*. También suelen distinguirse los dos valores de la *u*, escribiendo *v* cuando es consonante, como en *video*, y *u* cuando vocal, como en *unda*. Nosotros mantendremos el signo *i* para los dos sonidos, vocálico y consonante, pero distinguiremos, para evitar confusiones, entre *u* vocal y *v* consonante.

3. VOCALES. – Las vocales latinas son cinco, como en castellano:

a e i o u

Su pronunciación es sensiblemente la misma que en nuestra lengua. Las vocales *i*, *u*, ante otra vocal y formando sílaba con ella, tienen valor consonántico. Cuando *u* sea consonante, la escribiremos *v*.

4. DIPTONGOS. – En latín se encuentran los diptongos siguientes: *ae*, *au*, *oe* y menos frecuentes, *ei*, *eu*, *ui*.

Ae, *oe* se escriben a veces *æ*, *œ*, y en latín vulgar y tardío se pronunciaban *e*; ejemplo: *rosae* (*rose*), *proelium* (*prelium*). Para mantener el uso clásico hay que pronunciar muy rápidamente la *e*, con objeto de formar una sola sílaba.

5. CONSONANTES. – Las consonantes latinas se clasifican del modo siguiente:

		Labiales	Dentales	Guturales
Oclusivas	Sordas	p	t	c, k, q
	Sonoras	b	d	g
Nasales		m	n	
Fricativas		f	s, z	
Líquidas			l, r	

h, que primitivamente marcaba una aspiración, perdió pronto, como en castellano, todo valor fonético.

x es una letra doble que puerde representar *cs* o *gs*.

6. PRONUNCIACIÓN DE LAS CONSONANTES. – Se pronuncian en general como las castellanas, pero si se quiere mantener, en lo posible, la pronunciación clásica, deben tenerse en cuenta las particularidades siguientes:

1º *c*, *g* ante *e*, *i* se pronuncian del mismo modo que ante *a*, *o*, *u*; ejemplos: *Cícero* (pr. *quíquero*), *genus* (pr. *guenus*), *agito* (pr. *águito*).

2º *ll* se pronuncia como dos eles, ejemplos; *ille* (pr. *il-le*), *vallum* (pr. *val-lum*).

3º *v* se pronuncia como *u* consonántica: *vir* (pr. *uir*), *vulnus* (pr. *uulnus*).

4º Después de *q* y *g* la *u* se pronuncia siempre, con un sonido rápido; ejemplos: *quartus* (pr. *cuartus*), *queror* (pr. *cuéror*), *sanguis* (pr. *sangüis*).

5º *ch* se pronuncia como *c* sencilla; ejemplos; *pulcher* (pr. *púlquer*), *machina* (pr. *máquina*).

6º *z* equivale al sonido *ds*; ejemplos; *gaza* (pr. *gadsa*), *Zama* (pr. *dsama*).

7. CANTIDAD. – *a*) *De las vocales*. El latín distingue entre vocales largas y breves, según el tiempo que se tarde en pronunciarlas. La cantidad larga de una vocal se indica por medio del signo - colocado encima de ella:

ā ē ī ō ū

La cantidad breve, por medio del signo ˇ ;

ă ĕ ĭ ŏ ŭ

Los diptongos son siempre largos.
b) *De las sílabas*. Una sílaba es larga en los tres casos siguientes:
Cuando contiene una vocal larga:

ē-rā-di-co, rē-mus

Cuando contiene un diptongo:

cae-lum, proe-lium, lau-de

Cuando su vocal, aunque breve, va seguida de dos consonantes:

ter-ra, pul-cher

Una sílaba es breve cuando lo es su vocal y ésta no va seguida de dos consonantes:

dŏ-mĭ-nus, cĕ-lĕ-rĭ-tas

8. ACENTO. – Para el acento prosódico latino valen las siguientes reglas:

1º Los monosílabos son acentuados, excepto las preposiciones, conjunciones y enclíticas. Ejemplos: *réx, rús, et vóx, cum spé, populús-que*.

2º Los bisílabos se acentúan en la primera sílaba: Ejemplos: *cór-pus, á-mo, só-ror*.

3º Los polisílabos se acentúan en la penúltima sílaba, si ésta es larga. Ejemplos: *a-mī-cus, prae-ter-mit-to, aes-ti-mā-re*.
Si la penúltima es breve, el acento cae sobre la antepenúltima. Ejemplos: *dó-mĭ-nus, pár-vŭ-lus, dú-cĕ-re*.

4º Cuando a una palabra se une una enclítica, el acento cae en la sílaba que precede a la enclítica. Ejemplos: *Senatus populús-que, páter matér-ve*.

MORFOLOGIA

9. PARTES DE LA ORACIÓN. — Las partes de la oración en latín son ocho: substantivo, adjetivo, pronombre, verbo, adverbio, preposición, conjunción e interjección.

Las partes de la oración se dividen en variables e invariables. Son variables: substantivo, adjetivo, pronombre y verbo.

Son invariables: adverbio, preposición, conjunción e interjección.

El latín carece de artículo, y en la traducción al castellano hay que suplirlo. El sentido nos indicará en cada caso si debemos usar el artículo definido o el indefinido. Así **rosa** deberá traducirse, según los casos, *la rosa* o *una rosa;* **amici,** *los amigos* o *unos amigos.*

10. GÉNEROS. — El latín posee tres géneros: *masculino, femenino* y *neutro.*

En general son masculinos los nombres de varón y oficio de varón, pueblos, ríos, vientos y meses.

Son femeninos los de mujer y oficios de mujer, árboles, ciudades, países e islas.

Los nombres neutros, que por lo común se refieren a cosas inanimadas, suelen distinguirse de los demás por terminaciones especiales.

11. NÚMERO. — Las palabras variables tienen en latín dos números, como en castellano, *singular* y *plural.*

12. CASOS. — Las distintas funciones que un nombre puede desempeñar en la oración, que en castellano se expresan por medio de preposiciones, en latín se indican mediante terminaciones distintas, llamadas *desinencias.* Las formas que revisten los nombres al tomar las distintas desinencias, se llaman *casos.* El nombre latino tiene seis casos, a saber:

Nominativo, Vocativo, Acusativo, Genitivo, Dativo y Ablativo.

13. LA DECLINACIÓN. — El conjunto de los seis casos en que un nombre puede encontrarse, tanto en singular como en plural, recibe el nombre de *declinación.*

14. TEMA, RAÍZ. — Lo que queda de un nombre al separar de él las desinencias de caso, recibe el nombre de *tema.* Así **rosa-, domino-, leg-, navi-, curru-, die-** son temas de **rosa, dominus, lex, navis, currus, dies,** respectivamente.

Raíz es lo que queda de una palabra una vez se ha separado de ella todos los prefijos y sufijos; suele ser común a una familia de palabras, y es el elemento portador del sentido fundamental de éstas. Así **am-** es la raíz de todo el grupo **amo, amor, amicitia, amator, amicus,** etc.

15. LAS CINCO DECLINACIONES. — Ya primitivamente para un caso dado no siempre había una sola desinencia. Pero sobre todo, al unirse la desinencia a la última letra del tema, se produjeron una serie de fenómenos fonéticos que terminaron por romper la antigua unidad de la declinación. Así nacieron las cinco declinaciones latinas, que nosotros distinguimos por la desinencia del Genitivo singular:

1.ª Declin.	Genit.	sing.	**-ae**
2.ª »	»	»	**-i**
3.ª »	»	»	**-is**
4.ª »	»	»	**-us**
5.ª »	»	»	**-ei**

Primera Declinación
(Tema en -a)
Genitivo: -ae

16. Esta declinación comprende substantivos y adjetivos femeninos y algunos substantivos masculinos. El Nominativo singular termina en **-a.**

Tabla de Desinencias

	Singular	Plural
NOMINATIVO	**-ă**	**-ae**
VOCATIVO	**-ă**	**-ae**
ACUSATIVO	**-am**	**-ās**
GENITIVO	**-ae**	**-ārum**
DATIVO	**-ae**	**-īs**
ABLATIVO	**-ā**	**-īs**

Paradigma: **rosa,** *la rosa.*

	Singular		Plural	
NOMINATIVO	ros**ă**	*la rosa*	ros**ae**	*las rosas*
VOCATIVO	ros**ă**	*(oh) rosa*	ros**ae**	*(oh) rosas*
ACUSATIVO	ros**am**	*(a) la rosa*	ros**ās**	*(a) las rosas*
GENITIVO	ros**ae**	*de la rosa*	ros**ārum**	*de las rosas*
DATIVO	ros**ae**	*a, para la rosa*	ros**īs**	*a, para las rosas*
ABLATIVO	ros**ā**	*con la rosa*	ros**īs**	*con las rosas*

Ejemplos de adjetivos femeninos que siguen esta declinación: **bona,** *buena;* **pulchra,** *hermosa.*

17. GÉNERO. — Los substantivos de esta declinación son en general femeninos, excepto los nombres de varón y oficio de varón, y la mayor parte de los de ríos, que son masculinos. Ejs.: **nauta**, *el marinero*, **scriba**, *el escriba*, **agricola**, *el campesino*, **Cotta** (nombre propio), *Cota*, **Sequana**, *el Sena*, **Mosella**, *el Mosela*.

18. PARTICULARIDADES. — 1.ª Los nombres **dea**, *diosa*, **filia**, *hija*, **liberta**, *liberta*, cuando aparecen al lado de sus correspondientes masculinos **deus**, *dios*, **filius**, *hijo*, **libertus**, *liberto*, presentan en el Dat. y Abl. del plural una desinencia en **ābus:**

filiis et f i l i a b u s: *a los hijos y las hijas*.

Usados separadamente, tienen la desinencia regular en **-is: deis, filiis, libertis.**

2.ª Los nombres compuestos en **-cola** y **-gena** presentan a veces, aunque sólo en poesía, un Genitivo plural en **-um** en vez del regular en **-arum:**

Ejs.: **agricola**, *campesino*, Gen. pl. **agricolarum** o **a g r i c o l u m**. **Graiugena**, *griego de nacimiento*, Gen. pl. **Graiugenarum** o **G r a i u g e n u m**.

3.ª En los términos jurídicos **pater familias, mater familias**, *padre de familia, madre de familia*, en lugar de **pater familiae, mater familiae**, encontramos un resto de una antigua desinencia del Gen. sing. en **-as**.

4.ª Nótese el cambio de sentido de las siguientes palabras al pasar del singular al plural:

copia, *abundancia*	**copiae**, *tropas*
littera, *letra*,	**litterae**, *carta*, *literatura*.

5.ª Las palabras siguientes sólo se usan en plural:

nuptiae, *boda*	**angustiae**, *desfiladero*
reliquiae, *restos*	**divitiae**, *riquezas*
tenebrae, *tinieblas*	**indutiae**, *tregua*

y algunos nombres de ciudad: **Athenae**, *Atenas*, **Syracusae**, *Siracusa*.

19. EL LOCATIVO. — Los nombres de ciudad, en singular, de la primera declinación, como **Roma, Malacca**, *Málaga*, **Caesaraugusta**, *Zaragoza*, conservan un antiguo caso, llamado *Locativo*, que sirve para indicar el lugar *en dónde* algo ocurre o alguien se encuentra. Su desinencia es **-ae.**

Romae, *en Roma*
Malaccae, *en Málaga*
Caesaraugustae, *en Zaragoza*.

Los nombres de ciudad que tienen forma de plural, suplen el Locativo por el Ablativo:

Athenis, *en Atenas*
Syracusis, *en Siracusa*.

20. USO DE LOS CASOS. — 1. El *Nominativo* es el caso del *sujeto* y del *predicado nominal*.

Sujeto es la palabra que designa al ser del que se afirma o niega algo. Responde en castellano a las preguntas *¿quién?* o *¿qué?*:

la niña ríe: **puella ridet**
los campesinos aran: **agricolae arant.**

¿Quién ríe? *La niña*.
¿Quién ara? *Los campesinos*.

En las oraciones substantivas o de verbo *ser*, **se llama** *predicado nominal* **(o atributo) el adjetivo o substantivo que expresa la cualidad afirmada del sujeto:**

la rosa es bella: **rosa est pulchra**
las niñas son perezosas: **puellae sunt pigrae.**

2. El *Vocativo* es el caso en que se pone el nombre de la persona o cosa a la que dirigimos la palabra. Puede llevar la interjección o (castellano *oh*), suele ir entre comas y equivale a una exclamación aparte del resto de la frase:

¡Oh rosa, cuán bella eres!: **O rosa, quam pulchra es!**
Reina, sé clemente: **Regina, esto clemens.**

3. El *Acusativo* es el caso del *complemento directo* de los verbos transitivos.
Complemento directo es la palabra que indica la persona o cosa sobre la que recae directamente la acción expresada por el verbo. Responde en castellano a las preguntas *¿a quién?* o *¿qué?:*

la esclava ama a la niña: **serva amat puellam**
el labrador recorre las selvas: **agricola peragrat silvas.**

¿A quién ama la esclava? *a la niña.*
¿Qué recorre el labrador? *las selvas.*

4. El *Dativo* es el caso del *complemento indirecto.*
El *complemento indirecto* indica la persona en cuyo interés se realiza la acción expresada por el verbo. En castellano lleva las preposiciones *a* o *para* y responde a las preguntas *¿a quién?* o *¿para quién?:*

la esclava prepara la cena para la señora: **Serva parat cenam dominae**
el campesino da rosas a las niñas: **Agricola dat rosas puellis.**

¿Para quién prepara la cena? *Para la señora.*
¿A quién da rosas? *A las niñas.*

5. El *Ablativo* es el caso del *complemento circunstancial.*
Complemento circunstancial es la palabra que modifica la significación del verbo expresando circunstancias de lugar, tiempo, instrumento, modo, causa, etc. En castellano puede ir acompañada de todas las preposiciones y responde a las preguntas *¿dónde?, ¿cuándo?, ¿con qué?, ¿cómo?, ¿por qué?,* etc.:

la sed se aplaca con agua: **Sitis aqua extinguitur**
en las selvas hay muchas fieras: **In silvis sunt multae bestiae.**

¿Con qué se aplaca la sed? *Con el agua.*
¿Dónde hay fieras? *En las selvas.*

6. El *Genitivo* es el caso del *complemento determinativo del nombre.* Lleva en castellano la preposición *de:*

me gustan las plumas del águila: **Amo pennas aquilae**
el perfume de las rosas: **Odor rosarum.**

Segunda Declinación
(Tema en -o)
Genitivo: -i

21. Los nombres de la *Segunda Declinación* se dividen en tres grupos, atendiendo a la terminación del Nominativo singular:

1.º **Nombres en -us.** Substantivos y adjetivos masculinos y algunos substantivos femeninos.

2.º Nombres en **-er.** Substantivos y adjetivos masculinos.

3.º Nombres en **-um.** Substantivos y adjetivos neutros.

Tabla de Desinencias

	Singular			Plural	
	Masc. y Fem.		Neutro	Masc. y Fem.	Neutro
Nominativo	-us,	-er	-um	-i	-a
Vocativo	-e,	-er	-um	-i	-a
Acusativo		-um		-os	-a
Genitivo		-i		-orum	
Dativo		-o		-is	
Ablativo		-o		-is	

22. Nombres en **-us.** — Paradigmas: Substantivo, **populus,** *el pueblo.* Adjetivo, **bonus,** *bueno.*

	Singular	Plural	Singular	Plural
Nominativo	popŭl**ŭs**	popŭl**ī**	bon**ŭs**	bon**ī**
Vocativo	popŭl**ĕ**	popŭl**ī**	bon**ĕ**	bon**ī**
Acusativo	popŭl**um**	popŭl**ōs**	bon**um**	bon**ōs**
Genitivo	popŭl**ī**	popŭl**ōrum**	bon**ī**	bon**ōrum**
Dativo	popŭl**ō**	popŭl**īs**	bon**ō**	bon**īs**
Ablativo	popŭl**ō**	popŭl**īs**	bon**ō**	bon**īs**

23. Género. — La mayoría de los substantivos en **-us** son del género masculino.

De acuerdo con la regla general de los géneros (véase § 10), son *femeninos* los nombres de árbol: **pinus,** *pino,* **fagus,** *haya,* **pirus,** *peral,* **malus,** *manzano,* etc., y algunos de ciudades: **Corinthus,** *Corinto,* **Rhodus,** *Rodas,* y también **Cyprus,** *Chipre,* y **Aegyptus,** *Egipto.*

Es asimismo femenino **humus,** *la tierra.*

Son neutros: **vulgus,** *vulgo,* **virus,** *veneno* y **pelagus,** *piélago, mar.*

24. PARTICULARIDADES. — 1.ª El Vocativo. Los nombres en -us de la segunda declinación son los únicos que tienen, en singular, el Vocativo distinto del Nominativo.

2.ª Nombres en -ius. Los substantivos terminados en -ius forman el Vocativo singular en -i

filius, Voc. sing. fili
Antonius, » » Antoni.

3.ª El nombre deus, gen. dei, *dios*, carece de Vocativo sing. El plural se declina así:

N. V di (o dei)
Ac. deos
G. deorum o deum
D. Ab. dis (o deis).

25. NOMBRES EN -er. — La única diferencia que distingue la declinación de los nombres en -er de la de los en -us consiste en que aquéllos forman el Vocativo sing. igual al Nominativo.

Paradigmas: substantivo: ager, gen. agri, *el campo;* adjetivo: pulcher, genitivo pulchri, *hermoso.*

	Singular	Plural	Singular	Plural
NOMINATIVO	ager	agrī	pulcher	pulchrī
VOCATIVO	ager	agrī	pulcher	pulchrī
ACUSATIVO	agrum	agrōs	pulchrum	pulchrōs
GENITIVO	agrī	agrōrum	pulchrī	pulchrōrum
DATIVO	agrō	agrīs	pulchrō	pulchrīs
ABLATIVO	agrō	agrīs	pulchrō	pulchrīs

La mayor parte de los nombres en -er pierden en los demás casos la -e- del Nom. Voc. singular.

Hay algunos, sin embargo, que la conservan: substantivo: puer, *niño;* adjetivo: tener, *tierno:*

	Singular	Plural	Singular	Plural
NOM. VOC.	puer	puerī	tener	tenerī
ACUSATIVO	puerum	puerōs	tenerum	tenerōs
GENITIVO	puerī	puerōrum	tenerī	tenerōrum
DAT. ABL.	puerō	puerīs	tenerō	tenerīs

Como puer se declinan los substantivos socer, *suegro,* gener, *yerno,* vesper, *la tarde,* adulter, *adúltero,* Liber, *el dios Baco,* y el plural liberi, orum, *los hijos;* como tener, los adjetivos asper, *áspero,* liber, *libre,* miser, *desgraciado,* lacer, *desgarrado,* gibber, *jorobado* y los compuestos con -fer y -ger, como mortifer, *mortífero,* aliger, *alado.*

Como puer se declina también vir, gen. viri, *varón,* y sus compuestos, como triumvir, *triunviro,* semivir, *afeminado,* etc.

Nótese también el adjetivo satur, gen. saturi, *saciado.*

GÉNERO. — Los substantivos y adjetivos en -er son todos masculinos.

26. NOMBRES EN **-um.**

GÉNERO. — Todos los substantivos y adjetivos en **-um** son, sin excepción, *neutros.*

27. REGLA GENERAL SOBRE LA DECLINACIÓN DE LOS NEUTROS. — Los substantivos y adjetivos *neutros,* sean de la declinación que fueren, forman siempre *iguales* los tres casos *Nominativo, Vocativo* y *Acusativo.*
En plural estos tres casos tienen siempre la desinencia **-ă.**

28. Paradigmas: substantivo: **templum,** *templo;* adjetivo: **bonum,** *bueno.*

	Singular	Plural	Singular	Plural
NOMINATIVO	templum	templă	bonum	bonă
VOCATIVO	templum	templă	bonum	bonă
ACUSATIVO	templum	templă	bonum	bonă
GENITIVO	templī	templōrum	bonī	bonōrum
DATIVO	templō	templīs	bonō	bonīs
ABLATIVO	templō	templīs	bonō	bonīs

29. OBSERVACIONES SOBRE LA SEGUNDA DECLINACIÓN.

1. *El Locativo.* — Los nombres de ciudad, en singular, de la Segunda Declinación conservan un *Locativo* en **-i:**

Tarentum, *Tarento,* locat. Tarenti, *en Tarento.*
Toletum, *Toledo,* locat. Toleti, *en Toledo.*

2. Algunos nombres masculinos en **-us** se convierten en neutros al pasar al plural.

locus, *lugar,* pl. **loca.**
iocus, *chiste,* pl. **ioca.**

Viceversa, algunos neutros en **-um** forman un plural masculino en **-i:**

frenum, *freno,* pl. **freni.**
rastrum, *rastrillo,* pl. **rastri.**

3. Algunos nombres cambian de sentido al pasar del singular al plural:

castrum, *castillo,* pl. **castra,** *campamento.*
impedimentum, *obstáculo,* pl. **impedimenta,** *bagajes* (de un ejército).
auxilium, *auxilio,* pl. **auxilia,** *tropas auxiliares.*
rostrum, *pico* (de un ave), pl. **rostra,** *tribuna del foro romano.*

4. Nombres usados sólo en plural:

inferi, orum, *los infiernos.*
liberi, orum, *los hijos*
posteri, orum, *los descendientes*
arma, orum, *las armas*
exta, orum, *las entrañas*

5. Algunos nombres forman el genit. de pl. en -um:

sestertius, m., *sextercio* (moneda), Gen. pl. **sestertium**
modius, m.,*modio* (medida), Gen. pl. **modium**
faber, m., *obrero*, en la expresión **praefectus fabrum**, *jefe de las tropas de ingenieros.*

6. Los nombres en **-ius**, **-ium** presentan a veces en el Genit. sing. una desinencia contracta **i-**, en lugar de la normal **-ii**:

consilium, *consejo*, Genit. **consili**
imperium, *imperio*, Genit. **imperi**.

Tercera Declinación
(Temas en consonante y en -i)
Genitivo -is

30. La Tercera Declinación comprende substantivos y adjetivos de los tres géneros. Los nombres de esta declinación se dividen en dos grandes grupos: nombres de tema en consonante y nombres de tema en **-i.**

Tabla de Desinencias

	Singular		Plural	
	Masc. y Fem.	Neutro	Masc. y Fem.	Neutro
Nominativo	—, -s	—	-ēs	-ă, -iă
Vocativo	—, -s	—	-ēs	-ă, -iă
Acusativo	-em	—	-ēs	-ă, -iă
Genitivo	-ĭs		-um, -ium	
Dativo	-ī		-ĭbus	
Ablativo	-ĕ, -i		-ĭbus	

31. Nombres parisílabos e imparisílabos. — Se llaman nombres parisílabos los que en el Genit. sing. tienen el mismo número de sílabas que en el Nominativo. Ejs.:

Nom. **hos-tis**, Genit. **hos-tis**
Nom. **nu-bes**, Genit. **nu-bis**
Nom. **ma-re**, Genit. **ma-ris.**

Nombres imparisílabos son los que en el Genit. sing. tienen una sílaba más que en el Nominativo:

Nom. **con-sul**, Genit. **con-su-lis**
Nom. **rex**, Genit. **re-gis**
Nom. **ci-vi-tas**, Genit. **ci-vi-ta-tis.**

En general, y salvo las excepciones que se dirán, los nombres de tema en **-i** son parisílabos, e imparisílabos los de tema en consonante.

32. Diferencias en la declinación. — Los nombres de tema en consonante (imparisílabos) tienen en el *Genit. plur.* la terminación **-um**, en el *Nom. Voc. Acus. plur. neutro*, **-a.** Los de tema en **-i** (parisílabos) añaden una **i** ante estas terminaciones: *Genit. pl.* **-ium**, *Nom. Voc. Acus. pl. neutro* **-ia.** Además los adjetivos de los dos temas y algunos substantivos de tema en **-i** tienen en el *Ablat. sing.* **-i** en vez de **-e.**

33. Regla mecánica para declinar nombres de la Tercera Declinación. — Para declinar un nombre de la Tercera Declinación hay que conocer la forma de su *Genitivo singular* (que los diccionarios dan siempre). Se separa de esta forma la desinencia **-is**, y a lo que resta se le añaden las terminaciones de los demás casos.

Ej.: **rex,** *rey*, Genit. **reg-is**
Acus. **reg-em**, Dat. **reg-i**, Abl. **reg-e**, etc.

homo, *hombre*, Genit. **homin-is**
Acus. **homin-em**, Dat. **homin-i**,
Abl. **homin-e**, etc.

Temas en consonante

34. La consonante final del tema aparece generalmente ante la terminación **-is** del *Genit. sing.*, aunque a veces accidentes fonéticos han venido a obscurecerla.

35. *a*) Nombres sin desinencia especial en el Nominativo singular:

Paradigmas: **consul**, genit. **consulis**, **m.** *cónsul;* **nomen**, genit. **nominis**, **n.** *nombre;* **natio**, genit. **nationis**, **f.** *nación.*

	Singular		
Nominativo	consul	natio	nomen
Vocativo	consul	natio	nomen
Acusativo	consŭlem	natiōnem	nomen
Genitivo	consŭlĭs	natiōnĭs	nomĭnĭs
Dativo	consŭlī	natiōnī	nomĭnī
Ablativo	consŭlĕ	natiōnĕ	nomĭnĕ
	Plural		
Nominativo	consŭlēs	natiōnēs	nomĭnă
Vocativo	consŭlēs	natiōnēs	nomĭnă
Acusativo	consŭlēs	natiōnēs	nomĭnă
Genitivo	consŭlum	natiōnum	nomĭnum
Dativo	consŭlĭbus	natiōnĭbus	nomĭnĭbus
Ablativo	consŭlĭbus	natiōnĭbus	nomĭnĭbus

Forman el Nominativo sing. sin -s los temas en líquida (**r, l**): **soror, soror-is**, f. *hermana*, **sol, sol-is**, m. *sol*, nasal (**n**): **homo, homin-is**, m. *hombre*, **pecten, pectin-is**, m. *peine*, **carmen, carmin-is**, n. *poema*; además los nombres que en el Nominat. terminaban en **-on** perdieron la **-n**: **homo, natio, sermo**.

36. *b*) Nombres con **-s** en Nominativo singular.

Substantivos. Paradigmas: **rex**, genit. **reg-is**, m. *rey*; **civitas**, genit. **civitat-is**, f. *ciudad*; **corpus**, genit. **corpor-is**, n. *cuerpo*.

	Singular		
Nom. Voc.	rex	civitas	corpus
Acusativo	reg**em**	civitat**em**	corpus
Genitivo	reg**ĭs**	civitat**ĭs**	corpor**ĭs**
Dativo	reg**ī**	civitat**ī**	corpor**ī**
Ablativo	reg**ĕ**	civitat**ĕ**	corpor**ĕ**
	Plural		
Nom. Voc. Ac.	reg**ēs**	civitat**ēs**	corpor**ă**
Genitivo	reg**um**	civitat**um**	corpor**um**
Dat. Abl.	reg**ĭbus**	civitat**ĭbus**	corpor**ĭbus**

Tienen desinencia **-s** en el Nominat. sing. los temas en oclusiva: gutural (**c, g**): **dux, duc-is**, m. *caudillo*, **lex, leg-is**, f. *ley*, labial (**p, b**): **princeps, princip-is**, m. *príncipe*, **plebs, pleb-is**, f. *plebe*; dental (**d, t**): **miles, milit-is**, m *soldado*, **merces, merced-is**, f. *salario*. Los neutros carecen de desinencia: **caput, capit-is**, *cabeza*, **lac, lact-is**, *leche*.

Los temas en **-s** conservan a veces esta letra en el Nominativo, aunque en los demás casos se convierte en **-r**: **honos** (también **honor**), **honor-is**, m. *honor*, **flos, flor-is**, m. *flor*, **corpus, corpor-is**, n. *cuerpo*, **genus, gener-is**, n. *raza*.

37. Imparisílabos con Genitivo pl. en **-ium**.

Forman el Genit. pl. en **-ium** a pesar de ser imparisílabos:

1.º La mayor parte de los adjetivos imparisílabos (véase § 52-56).

2.º Los substantivos monosílabos que tienen dos consonantes ante la terminación **-is** del *Genit. sing.*:

urbs, f. *ciudad*	Gen. sing **urb-is**	Gen. pl. **urbium**
dens, m. *diente*	Gen. sing. **dent-is**	Gen. pl. **dentium**

glans, glandis, f. *bellota*; **arx, arcis**, f. *ciudadela*; **ars, artis**, f. *arte*; **pars, partis**, f. *parte*; **nox, noctis**, f. *noche*; os, ossis, n. *hueso*. Algunos de estos nombres son antiguos temas en **-i** que perdieron esta vocal en el Nom. sing. y se hicieron imparisílabos (p. ej. **pars** de **partis**).

3.º Los gentilicios en **-as, -atis** y en **-is, -itis**, como **Arpinas, -atis**, *arpinense*, gen. pl. **Arpinatium, Samnis, -itis**, *samnita*, gen. pl. **Samnitium**. Asimismo **nostras, -atis**, *compatriota nuestro*, **optimates**, *los optimates*, **penates**, *los dioses familiares*.

4.º Los femeninos abstractos en **-tas, -tatis,** como **civitas,** *ciudad,* pueden hacerlo en **-um** y en **-ium.**

5.º Algunos monosílabos de vocal larga, como **lis, litis,** *pleito* **(litium); mus, muris,** m. *ratón* **(murium); fraus, fraudis,** f. *fraude* **(fraudium); faux, faucis,** f. *fauce* (generalmente usado en pl. **fauces,** genit. **faucium).**

Temas en -i

38. a) *Masculinos y femeninos.* — Los nombres masculinos o femeninos de tema en **-i** hacen el Nom. sing. en **-is:** Substantivos: **hostis, hostis, m.** *enemigo,* **turris, turris,** f. *torre;* adjetivos: **brevis,** *breve.*

Como éstos se declinan los substantivos terminados en **-es** (casi todos femeninos): **nubes, nubis,** *nube,* **fames, famis,** *hambre,* y algunos substantivos y adjetivos masculinos en **-er: imber, imbris,** *lluvia,* **venter, ventris,** *vientre,* **celer,** *rápido.*

Paradigmas. Substantivos: **hostis, hostis,** m. *enemigo;* **nubes, nubis, f.** *nube;* **imber,** imbris, m. *lluvia.* Adjetivos: **fortis,** *valeroso,* **celer,** *rápido.*

	Singular				
Nom. Voc.	hostis	nubes	imber	fortĭs	celer
Acusativo	hostem	nubem	imbrem	fortem	celĕrem
Genitivo	hostĭs	nubĭs	imbrĭs	fortĭs	celĕrĭs
Dativo	hostī	nubī	imbrī	fortī	celĕrī
Ablativo	hostĕ	nubĕ	imbrĕ	fortī	celĕrī
	Plura				
Nom. Voc. Ac.	hostēs	nubēs	imbrēs	fortēs	celĕrēs
Genitivo	hostium	nubium	imbrium	fortium	celĕrium
Dat. Abl.	hostĭbus	nubĭbus	imbrĭbus	fortĭbus	celĕrĭbus

Observación. — Nótese, en los adjetivos, el Ablat. sing. en -ī.

39. b) *Neutros.* — Los substantivos neutros de tema en **-i** terminan en **-e, -al** y **-ar** (estas dos últimas clases son imparisílabos, genit. **-alis, -aris,** a pesar de lo cual siguen la declinación de los parisílabos). Los adjetivos neutros terminan en **-e.** Todos ellos hacen el Ablat. sing. en **-i.**

Paradigmas. Substantivos: **mare, maris,** *mar;* **animal, animalis,** *animal.* Adjetivo: **forte,** *valeroso.*

	Singular			Plura		
Nom. Voc. Ac.	mare	anĭmal	forte	mariă	animaliă	fortiă
Genitivo	marĭs	animālĭs	fortĭs	marium	animalium	fortium
Dativo	marī	animālī	fortī	marĭbus	animalĭbus	fortĭbus
Ablativo	marī	animālī	fortī	marĭbus	animalĭbus	fortĭbus

40. Observaciones sobre la declinación de los temas en -i.

1. Parisílabos con Genitivo en **-um.** Forman el Genitivo plural en **-um,** a pesar de ser parisílabos, los nombres siguientes:

a) Los nombres de parentesco en **-ter: pater, patris,** m. *padre* (**patrum**), **mater, matris,** f. *madre* (**matrum**), **frater, fratris,** m. *hermano* (**fratrum**); estos nombres pierden en los demás casos la **e** de la terminación **-ter** del Nominat., con lo que se convierten en parisílabos, sin que por ello dejen de declinarse como los temas en consonante a los que pertenecen (**-r-**).

b) Los substantivos **canis, is** m. *perro* (**canum**), **iuvenis, is,** m. *joven* (**iuvenum**), **senex, senis,** m. *anciano* (**senum**), **vates, is,** m. *adivino* (**vatum**).

c) Pueden hacer el genit. pl. en **-um** y en **-ium** los nombres siguientes: **mensis, is,** m. *mes* (más corriente **mensium**); **sedes, is,** f. *sede*; **apis, is** f. *abeja* (más corriente **apium**).

2. Acusativo en **-im** y Ablativo en **-i.** Algunos substantivos femeninos en **-is** forman el Acus. sing. en **-im.**

Estos mismos substantivos en el Abl. sing. tienen o pueden tener **-ī** en lugar de **-ĕ.**

Ejs.:		
sitis, *sed*	Acus. **sitim**	Abl. **sitī**
tussis, *tos*	» **tussim**	» **tussī**

Tienen siempre Acus. en **-im** y Abl. en **-i: buris,** *mancera,* **cucumis,** *cohombro,* **ravis,** *ronquera,* **sitis,** *sed,* **tussis,** *tos,* **vis,** *fuerza,* y algunos nombres de ciudades y ríos como **Bilbilis,** *Calatayud,* **Tiberis,** *Tíber.*

Los tienen también generalmente: **febris,** *fiebre,* **pelvis,** *palangana,* **puppis,** *popa,* **restis,** *cuerda,* **securis,** *hacha,* **turris,** *torre.*

3. Acusativo plural en **-is.** El Acusat. pl. de los temas en **-i** terminaba primitivamente en **-is.** Esta desinencia es corriente todavía en la época clásica.

41. Particularidades de la Tercera Declinación.

1.ª El Locativo. — En la Tercera Declinación el Locativo ha sido reemplazado por el Ablativo. Conservan, sin embargo, un Locativo en **-i: rus, ruris,** m. *campo:* **ruri,** *en el campo,* y algunos nombres de ciudad en singular, como **Carthago, inis,** Locat. **Carthagini,** *en Cartago,* **Tibur, uris,** Locat. **Tiburi,** *en Tíbur.*

42. 2.ª Nombres irregulares. — La declinación de los nombres siguientes presenta algunas irregularidades:

Iuppiter, m. *Júpiter,* gen. **Iovis,** ac. **Iovem,** dat. **Iovi,** abl. **Iove.**

senex, m. *anciano,* gen. **senis,** ac. **senem,** etc., gen. pl. **senum.**

caro, f. *carne,* gen. **carnis,** ac. **carnem,** etc., gen. pl. **carnium;** en pl. significa *pedazos de carne.*

supellex, f. *mobiliario, ajuar,* gen. **supellectilis,** ac. **supellectilem,** etc. Carece de plural.

coniunx, m. y f. *cónyuge,* gen. **coniugis,** ac. **coniugem,** etc.

requies, f. *descanso,* gen. **requietis,** ac. **requietem** o **requiem,** dat. **requieti,** abl. **requiete.**

bos, m. y f. *buey* o *vaca,* gen. **bovis,** ac. **bovem,** etc.; pl. gen. **boum,** dat. abl. **bobus** o **bubus.**

sus, m. y f. *cerdo,* gen. **suis,** ac. **suem,** etc.; pl. dat. abl. **subus** o **suibus.**

vis, f. *fuerza,* sing: ac. **vim,** abl. **vi** (carece de gen. y dat.); plural: nom. voc. ac. **vires,** gen. **virium,** dat. abl. **viribus.**

iter, n. *camino,* gen. **itineris,** dat. **itineri,** etc.

3.ª Nombres defectivos (de declinación incompleta):

a) **vis,** f. *fuerza,* carece de gen. y dat. sing. (véase más arriba).

fas, n. *lo permitido por la ley divina* y **nefas,** n. *lo prohibido por la ley divina,* sólo se usan en nom. y acus. singular.

vicis (genit.) *cambio*, en sing. tiene (además del genit.), acus. **vicem** y abl. **vice**; plural, nom. ac. **vices**, dat. abl. **vicibus**.

fors, *azar*, sólo se usa en nom. sing. y abl. sing.; este último se ha convertido en adverbio, **forte**, *por azar*.

sponte es un ablat. usado en las expresiones **mea sponte, tua sponte**, *espontáneamente*.

mane, nominat. y ablat., *la mañana*.

b) Substantivos sólo usados en singular:

vestis, is, f. *vestido*
specimen, inis, n. *muestra*
supellex, ectilis, f. *muebles*.

c) Substantivos sólo usados en plural:

altaria, ium, n. *altar*
cervices, um, f. *nuca*
fauces, ium, f. *garganta* (en sing. sólo abl. **fauce**)
fides, ium, f. *lira*
fores, ium, f. *puerta*
manes, ium, m. *los (dioses) manes*
moenia, ium, n. *murallas*
verbera, um, n. *golpes*.

4.ª Algunos substantivos cambian de sentido al pasar del sing. al plural:

finis, is, m. *fin, frontera*, pl.: **fines, ium**, *territorio*.

aedis (o **aedes**), **is**, f. *templo*; pl.: **aedes, ium**, *templos* o *casa, residencia*.

opes, opum, f. *riqueza, recursos*; en sing. el genit. **opis** y el ac. **opem** significan *socorro*; el abl. **ope**, *poder*; el nominat. sing. no se usa.

43. Género de los nombres de la Tercera Declinación. — Aparte de las reglas jenerales de los géneros dadas en el § 10, las reglas siguientes permiten conocer el género de los substantivos de la Tercera Declinación según la terminación del nominat. sing.:

1.ª Son masculinos los en: **-o**: **homo, inis**, *hombre* (pero femeninos los en **-do, -go, -io**: **consuetudo, inis**, *costumbre*, **origo, inis**, *origen*, **natio, onis**, *nación*; también **caro, carnis**, *carne*; en cambio masculino **ordo, inis**, *orden*).

-or: **dolor, oris**, *dolor* (pero neutros **marmor, oris**, *mármol*, **aequor, oris**, *la llanura del mar*, **cor, cordis**, *corazón*; femenino **arbor, oris**, *árbol*, véase § 10).

-os: **honos, oris**, *honor* (pero femeninos: **cos, cotis**, *piedra de afilar*, **dos, dotis**, *dote*; neutros: **os, oris**, *boca*, **os, ossis**, *hueso*).

-er: **imber, bris**, *lluvia* (pero neutros: **cadaver, eris**, *cadáver*, **iter, itineris**, *camino*, **verber, eris**, *golpe*, usado sólo en plural; **ver, veris**, *primavera*).

-es imparisílabos: **aries, etis**, *carnero* (pero femeninos: **merces, edis**, *merced*, **quies, quietis** y **requies, etis**, *descanso*, **seges, etis**, *mies*; neutro, **aes, aeris**, *dinero*).

2.ª Son femeninos los en: **-as**: **civitas, atis**, *ciudad* (pero masculino: **as, assis**, *as* [moneda]; neutro, **vas, vasis**, *vaso*, que hace el pl. según la 2.ª decl.: **vasa, orum**, y los indeclinables **fas** y **nefas**).

-is: **navis, is**, *nave* (pero masc. los en **-guis** y **-nis**: **anguis, is**, *serpiente*, **finis, is**, *fin*; también, **collis, is**, *colina*, **fascis, is**, *haz*, **ensis, is**, *espada*, **fustis, is**, *palo*, **lapis, idis**, *piedra*, **mensis, is**, *mes*, véase § 10, **orbis, is**, *círculo*, **piscis, is**, *pez*, **pulvis, eris**, *polvo*).

-aus: **laus, laudis**, *alabanza*.

-es parisílabos: **clades, is**, *derrota* (pero masc. **vepres, is**, *zarza*).

-s precedida de consonante: **urbs, bis**, *ciudad* (pero masc. **fons, ntis**, *fuente*, **mons, ntis**, *monte*, **pons, ntis**, *puente*, **dens, ntis**, *diente*).

-x: **arx, arcis**, *ciudadela* (pero masc. los en **-ex**: **cortex, icis**, *corteza*, aunque son femeninos: **lex, legis,** *ley,* **nex, necis,** *muerte,* **prex, precis,** *súplica,* **supellex, ectilis,** *mobiliario;* son también masc.: **calix, icis,** *copa,* **fornix, icis,** *bóveda, arco*).

3.ª Son neutros los en

-a: poema, atis, *poema*
-e: mare, is, *mar*
-c: lac, lactis, *leche*
-l: mel, mellis, *miel* (pero masc. **sol, is,** *sol,* **sal, is,** *sal*).
-men: carmen, inis, *poema, canto*
-t: caput, itis, *cabeza*
-ar: calcar, aris, *espuela*
-ur: robur, oris, *roble, fuerza* (pero masc. **voltur** [o **vultur**], **uris,** *buitre*).
-us: corpus, oris, *cuerpo* (pero femeninos los en **-tus, -tutis: virtus, utis,** *valor,* **iuventus, tutis,** *juventud,* etc.; además **pecus, udis,** *animal doméstico, oveja,* **venus, eris,** *amor,* **salus, utis,** *salvación,* **palus, udis,** *laguna;* son masc.: **mus, muris,** *ratón,* **lepus, oris,** *conejo*).

Cuarta Declinación

(Tema en -u)

Genitivo en -us

44. La Cuarta Declinación comprende substantivos de los tres géneros. Los masc. y fem. terminan el Nominat. sing. en **-us**, los neutros en **-u.**

Tabla de Desinencias

	Singular		Plural	
	Masc. Fem.	Neutro	Masc. Fem.	Neutro
Nom. Voc.	-ŭs	-ū	-ūs	-uă
Acusativo	-um	-ū	-ūs	-uă
Genitivo	-ūs		-uum	
Dativo	-uī (-ū)		-ĭbus (ŭbus)	
Ablativo	-ū		-ĭbus (ŭbus)	

Paradigmas: **fructus, us,** *el fruto;* **cornu, us,** *cuerno, ala de un ejército.*

	Singular		Plural	
Nom. Voc.	fructŭs	cornū	fructūs	cornuă
Acusativo	fructum	cornū	fructūs	cornuă
Genitivo	fructūs	cornūs	fructuum	cornuum
Dativo	fructui (fructū)	cornū (cornuī)	fructĭbus	cornĭbus
Ablativo	fructū	cornū	fructĭbus	cornĭbus

45. OBSERVACIONES. 1.ª El Dativo sing. presenta a veces la terminación **-u** en lugar de **-ui**. En los nombres neutros la más corriente es **-u**.

2.ª Algunos nombres suelen presentar en el Dat. Abl. plural la terminación **-ubus**: Algunos disílabos en **-cus**:

arcus, m. *arco*	Dat. Abl. pl.	**arcubus**
lacus, m. *lago*	» » »	**lacubus**
quercus, f. *encina*	» » »	**quercubus**
specus, m. *caverna*	» » »	**specubus**

y los siguientes:

artus, m. *articulación*	» » »	**artubus**
partus, m. *parto*	» » »	**partubus**
tribus, f. *tribu*	» » »	**tribubus**

3.ª El nombre **domus**, f. *casa*, presenta en su declinación una mezcla de la segunda y la cuarta declinaciones:

	SINGULAR	PLURAL
N. V.	**domus**	**domus**
Ac.	**domum**	**domos** o **domus**
G.	**domus**	**domorum** (**domuum**)
D.	**domui**	**domibus**
Ab.	**domo**	**domibus**

Tiene además un locativo **domi**, *en casa*.

4.ª Defectivos:

impetus, m. *ataque, ímpetu*, en singular carece de Gen. y Dat.; en pl., de Gen. Dat. y Abl.

Los siguientes nombres, derivados de verbos, sólo se usan en el Abl. sing.:

iussu, *por orden*: **iussu imperatoris**, *por orden del general*.
iniussu, *sin orden*: **iniussu consulis**, *sin orden del cónsul*.
ductu, *bajo la guía de*: **ductu Caesaris**, *bajo la guía de César*.
rogatu, *a ruegos de*: **rogatu patris**, *a ruegos del padre*.
natu, *por el nacimiento*, se usa en las expresiones de edad: **natu maior**, *de más edad* (lit. *mayor por el nacimiento*), **natu minor**, *de menos edad*, **natu maximus**, *el mayor en edad*.

Se usan sólo en Dativo con el verbo **esse**:

derisui esse: *ser objeto de burla*.
despicatui esse: *ser objeto de desprecio*.

46. GÉNERO DE LOS NOMBRES DE LA CUARTA DECLINACIÓN. — Los nombres en **-us** son en su mayoría *masculinos*.

Son *femeninos* (aparte de los que lo son por su sentido, como **anus**, *la anciana*, **quercus**, *encina*, véase § 10): **acus**, *aguja*, **domus**, *casa*, **idus**, *las idus* (fecha del calendario romano), **manus**, *mano*, **porticus**, *pórtico*, **tribus**, *tribu*.

Son *neutros* los terminados en **-u**. Sólo hay tres nombres en **-u** de uso corriente: **cornu**, *cuerno*, **genu**, *rodilla*, **veru**, *asador*.

Quinta Declinación

(Temas en -e)

Genitivo en -ei

47. Los nombres de esta declinación hacen todos el Nominativo sing. en **-es** y son casi todos femeninos.

Tabla de Desinencias

	Singular	Plural
Nom. Voc.	**-ēs**	**-ēs**
Acusativo	**-em**	**-ēs**
Genitivo	**-eī**	**-ērum**
Dativo	**-eī**	**-ēbus**
Ablativo	**-ē**	**-ēbus**

Paradigma: **dies, diei,** *día.*

	Singular	Plural
Nom. Voc.	diēs	diēs
Acusativo	diem	diēs
Genitivo	diēī	diērum
Dativo	diēī	diēbus
Ablativo	diē	diēbus

48. Observaciones. 1.ª Los nombres que tienen una **i** ante la terminación **-es** del Nominat. sing., hacen larga la **e** del Genit. sing.: **diēi, faciēi** (de **facies,** *rostro*), **effigiēi** (**effigies,** *efigie*); los que tienen una consonante ante la terminación **-es,** hacen breve la **e** del Genit. sing.: **rěi** (**res,** *cosa*), **fiděi** (**fides,** *fidelidad*), **spěi** (**spes,** *esperanza*).

2.ª Los nombres **dies** y **res** son los únicos de esta declinación que poseen un plural completo. Los demás, o no se usan más que en Nom. y Acus. o carecen por completo de plural.

49. Género de los nombres de la Quinta Declinación. — Son todos *femeninos* a excepción de **dies,** que puede ser masc. o fem., y su compuesto **meridies** que es masc.
Dies es femenino sólo cuando significa *plazo, fecha fijada para algo:* **certam diem constituere:** *fijar una fecha precisa.*

EL ADJETIVO

50. Los adjetivos latinos se declinan como los substantivos y se dividen en dos grandes clases según la declinación que siguen:

a) los que se declinan según la 1.ª y 2.ª declinaciones

b) los que se declinan según la 3.ª declinación.

La primera clase comprende los llamados adjetivos de *tres* terminaciones; la segunda, los de *dos* y de *una* terminación.

51. ADJETIVOS DE TRES TERMINACIONES. — Estos adjetivos poseen tres formas: una en **-us** o en **-er**, para el masculino, perteneciente a la 2.ª declinación; una en **-a**, para el femenino, perteneciente a la 1.ª declinación; y una en **-um**, para el neutro, perteneciente a la 2.ª declinación neutra.

Paradigmas: **bonus, bona, bonum,** *bueno*
pulcher, pulchra, pulchrum, *hermoso*
tener, tenera, tenerum, *tierno*

	Singular			Plural		
	Masc.	Fem.	Neutro	Masc.	Fem.	Neutro
NOMINATIVO	bonŭs	bonă	bonum	bonī	bonae	bonă
VOCATIVO	bonĕ	bonă	bonum	bonī	bonae	bonă
ACUSATIVO	bonum	bonam	bonum	bonōs	bonās	bonă
GENITIVO	bonī	bonae	bonī	bonōrum	bonārum	bonōrum
DATIVO	bonō	bonae	bonō	bonīs	*para los tres géneros*	
ABLATIVO	bonō	bonā	bonō	bonīs		

	Singular		
	Masculino	Femenino	Neutro
NOMINATIVO	pulcher	pulchră	pulchrum
VOCATIVO	pulcher	pulchră	pulchrum
ACUSATIVO	pulchrum	pulchram	pulchrum
GENITIVO	pulchrī	pulchrae	pulchrī
DATIVO	pulchrō	pulchrae	pulchrō
ABLATIVO	pulchrō	pulchrā	pulchrō
	Plural		
NOMINATIVO	pulchrī	pulchrae	pulchră
VOCATIVO	pulchrī	pulchrae	pulchră
ACUSATIVO	pulchrōs	pulchrās	pulchră
GENITIVO	pulchrōrum	pulchrārum	pulchrōrum
DATIVO	pulchrīs	*para los tres géneros*	
ABLATIVO	pulchrīs		

	Singular		
	Masculino	**Femenino**	**Neutro**
Nominativo	tener	tenĕră	tenĕrum
Vocativo	tener	tenĕră	tenĕrum
Acusativo	tenĕrum	tenĕram	tenĕrum
Genitivo	tenĕrī	tenĕrae	tenĕrī
Dativo	tenĕrō	tenĕrae	tenĕrō
Ablativo	tenĕrō	tenĕră	tenĕrō
	Plural		
Nominativo	tenĕri	tenĕrae	tenĕră
Vocativo	tenĕri	tenĕrae	tenĕră
Acusativo	tenĕrōs	tenĕrās	tenĕră
Genitivo	tenĕrōrum	tenĕrārum	tenĕrōrum
Dativo	tenĕrīs	*para los tres géneros*	
Ablativo	tenĕrīs		

Existe un adjetivo en -ur, -a, -um: satur, satura, saturum, ***harto.***

52. Adjetivos de dos terminaciones. — Siguen la **3.ª** declinación y tienen dos terminaciones, una en **-is** para el masc. y fem. y una en **-e** para el neutro. Se declinan como los temas en **-i-** y hacen el Abl. sing. en **-i.**

Paradigma: **fortis, e,** *valeroso.*

	Singular		Plural	
	M. y F.	**Neutro**	**M. y F.**	**Neutro**
Nom. Voc.	fortis	fortĕ	fortēs	fortiă
Acusativo	fortem	fortĕ	fortēs	fortiă
Genitivo	fortĭs		fortium	
Dativo	fortī		fortĭbus	
Ablativo	fortī		fortĭbus	

Algunos adjetivos de este tipo presentan en el Nom. y Voc. sing. tres formas: una en **-er** para el masc., una en **-is** para el fem. y otra en **-e** para el neutro. Ejemplo: **acer, acris, acre,** *agudo.*

	Masc.	Fem.	Neu.
Nom. y Voc.	**acer**	**acris**	**acre**
Ac.	acrem		acre
Dat.	acri		

(el resto como **fortis, e**)

53. ADJETIVOS DE UNA TERMINACIÓN. — Tienen una sola terminación para los tres géneros. No obstante, como según la regla general de la declinación de los neutros, el Ac. sing. neutro debe ser igual al Nom., y el Nom. Voc. Acus. pl. han de terminar en **-a**, en los casos citados estos adjetivos presentan dos terminaciones, una para el masc. y fem. y otra para el neutro.

Se dividen en dos clases: 1.ª Unos (terminados en **-ns**, genit. **-ntis**, y en **-x**, genit. **-cis**) siguen la declinación de los temas en **-i** (genit. pl. **-ium**, neutro pl. **-ia**); tipo **prudens, prudentis,** *prudente,* **felix, felicis,** *feliz.*

	Singular		Plural	
NOM. VOC.	prudens		prudentēs	prudentiă
ACUSATIVO	prudentem	prudens	prudentēs	prudentiă
GENITIVO	prudentĭs		prudentium	
DATIVO	prudentī		prudentĭbus	
ABLATIVO	prudentī (o prudentĕ)		prudentĭbus	

	Singular		Plural	
NOM. VOC.	**felix**		**felīcēs**	**felīciă**
ACUSATIVO	**felīcem**	**felix**	**felīcēs**	**felīciă**
GENITIVO	**felīcĭs**		**felīcium**	
DATIVO	**felīcī**		**felīcĭbus**	
ABLATIVO	**felīcī (o felīcĕ)**		**felīcĭbus**	

54. Siguen esta declinación: *a)* Todos los participios de presente: **amans, antis,** *que ama,* **monens, entis,** *que advierte,* **legens, entis,** *que lee,* **audiens, entis,** *que oye.*

b) Los adjetivos en **-ax: audax, cis,** *audaz;* **-ix: victrix, icis,** vencedora; **-ox: atrox, ocis,** *atroz;* gentilicios en **-as, -atis** y en **-is, itis: Arpinas, atis,** *arpinense,* **Samnis, itis,** *samnita.* Un grupo de adjetivos aislados: **locuples, etis,** *rico,* **duplex, icis,** *doble,* **simplex, icis,** *sencillo,* **par, paris,** *igual,* **anceps, cipitis,** *incierto.*

55. EL ABLATIVO SINGULAR. — El Abl. sing. de estos adjetivos es generalmente en **-ī**; suele ser en **-ĕ** cuando son usados como substantivos designando una persona:

Ira abest a sapiente: *la ira está lejos del sabio*

Así se dice: **ab absente,** *por un (hombre) ausente,* **adulescente, infante.**

A veces se encuentra la terminación **-ĕ** cuando el adjetivo califica a un nombre de persona. Así se puede decir: **hoc dictum est a viro sapiente o a viro sapienti,** *esto fue dicho por un hombre sabio.*

Los participios de presente en **-ans, antis, -ens, entis** hacen el Abl. en **-e** cuando están usados como participios:

Hoc fecimus Caesare imperante: *lo hicimos por mandato de César (mandándolo César).*
In civitate ira odioque ardente: *en la ciudad que ardía de ira y de odio.*
Lo hacen en **-i** cuando son usados como adjetivos:
ardenti sole uritur seges: *la mies se agosta bajo el ardiente sol.*
tempore praesenti: *en el momento presente.*

56. 2.º La otra clase de adjetivos de una terminación sigue la declinación de los temas en consonante (Abl. sing. **-e**, Gen. pl. **-um**, neutro pl. **-a**). Tipo **vetus, eris,** *viejo.*

	Singular	Plural
NOM. VOC.	vetus	vetĕrēs vetĕră
ACUSATIVO	vetĕrem vetus	vetĕrēs vetĕră
GENITIVO	vetĕrĭs	vetĕrum
DATIVO	vetĕrī	vetĕrĭbus
ABLATIVO	vetĕrĕ	vetĕrĭbus

Siguen la declinación de **vetus** y hacen el Abl. sing. en **-ĕ** los adjetivos siguientes:
dives, ĭtis, *rico* (pero en su forma contracta, **dis,** abl. **diti,** nom. n. pl. **ditia**)
pauper, ĕris, *pobre*
particeps, cĭpis, *partícipe*
princeps, ĭpis, *primero*
deses, sĭdis, *ocioso*
pubes, ĕris, *púber*
sospes, ĭtis, *sano y salvo*
caelebs, lĭbis, *célibe*
compos, ŏtis, *poseedor de*
superstes, ĭtis, *sobreviviente.*
La mayor parte de estos adjetivos no se usan nunca en el plural neutro.

57. SUBSTANTIVACIÓN DE LOS ADJETIVOS. — En latín, como en castellano, los adjetivos pueden usarse substantivamente, tanto en su forma masculina como en la neutra. La forma masculina usada como substantivo indica una persona o personas dotadas de una determinada cualidad.

Ejemplos: **Vir sapiens numquam irascitur:** *el hombre sabio* (adjet.) *nunca se enfurece.*

Sapiens numquam irascitur: *el sabio* (substantivo) *nunca se enfurece.*

Boni cives leges servant: *los buenos* (adjet.) *ciudadanos observan las leyes.*

Boni leges servant: *los buenos* (substant.) *observan las leyes.*

La forma neutra substantivada expresa en abstracto la cualidad indicada por el adjetivo. Equivale al uso castellano del adjetivo con el artículo neutro *lo:*

bonum: *lo bueno*
pulchrum: *lo bello.*

En castellano, *lo bueno* y *lo bello* no tienen plural (*los buenos, los bellos* son masculinos). En cambio en latín es muy frecuente el uso del plural neutro de los adj. substantivados; los traduciremos al castellano por medio de una perífrasis con *cosas:*

> **bona:** *las cosas buenas, los bienes*
> **pulchra:** *las cosas bellas.*

58. Concordancia del adjetivo con el substantivo. — El adjetivo concierta con el substantivo al que califica, en *género, número* y *caso.*

> **pulchra rosa,** *rosa hermosa*
> **pulchri equi,** *caballos hermosos*
> **pulchrum templum,** *templo hermoso.*

Nótese:

> **pulchra pinus** (fem.), *pino hermoso*
> **bonus nauta** (masc.), *buen marinero.*

Grados de significación de los adjetivos

59. Una cualidad puede ser poseída en grado mayor o menor. Y comparando dos o más objetos dotados de la misma cualidad podemos notar diferencias entre ellos. Así decimos:

> *los Alpes son más altos que los Pirineos;*

o, refiriéndonos a todos los objetos de una misma especie:

> *el Himalaya es la más alta de las cordilleras.*

También podemos decir:

> *esta rosa es bellísima,*
> *el agua de esta fuente es muy fresca,*

con lo cual afirmamos que un objeto posee una cualidad en muy alto grado.

Por lo tanto, podemos distinguir en el adjetivo tres grados de significación:

Positivo, cuando el adjetivo se limita a calificar al substantivo:

> *un árbol alto.*

Comparativo, cuando se comparan dos objetos que poseen la misma cualidad y se establecen diferencias entre ellos:

> *este pino es más alto que aquél* (comparativo de superioridad)
> *este pino es menos alto que aquél* (comparativo de inferioridad)
> *este pino es tan alto como aquél* (comparativo de igualdad).

Superlativo, cuando se dice de un objeto que tiene una cualidad en muy alto grado (superlativo absoluto), o en grado superior a todos los demás de su especie (superlativo relativo):

> *un pino altísimo, o muy alto*
> *el más alto de los pinos.*

60. FORMACIÓN DEL COMPARATIVO LATINO. — El latín forma el comparativo de superioridad de los adjetivos substituyendo la desinencia del Genit. sing. por las terminaciones **-ior** (masc. y fem.), **-ius** (neutro). Así pues, al ponerse en grado comparativo, todos los adjetivos se convierten en adjetivos de dos terminaciones; se declinan según la 3.ª decl. y su Genit. sing. es en **-ioris.**

Ejemplos:

POSITIVO	COMPARATIVO
altus, *alto*, Gen. **alt-i**	**alt-ior, alt-ius**, *más alto*, Gen. **altioris**
fortis, *valeroso*, Gen. **fort-is**	**fort-ior, fort-ius**, *más valeroso*, Gen. **fortioris**
prudens, *prudente*, Gen. **prudent-is**	**prudent-ior, prudent-ius**, *más prudente*, Gen. **prudentioris**

Los comparativos de igualdad e inferioridad se forman en latín, como en castellano, por medio de adverbios:

tam altus, *tan alto;* **tam fortis**, *tan valeroso;* **tam prudens**, *tan prudente*
minus altus, *menos alto,* **minus fortis**, *menos valeroso,* **minus prudens**, *menos prudente.*

61. DECLINACIÓN DEL COMPARATIVO. — Sigue totalmente la declinación de los temas en consonante de la 3.ª declinación (Abl. sing. **-e**; Gen. pl. **-um**; Nom. Voc. Ac. pl. n. **-a**):

	Singular		Plural	
	M. y F.	Neutro	M. y F.	Neutro
NOM. VOC.	altior	altius	altiōrēs	altiōră
ACUSATIVO	altiorem	altius	altiōrēs	altiōră
GENITIVO	altiōrĭs		altiōrum	
DATIVO	altiōrī		altiōrĭbus	
ABLATIVO	altiōrĕ		altiōrĭbus	

62. FORMACIONES PARTICULARES DEL COMPARATIVO. — Los adjetivos terminados en **-dĭcus, -fĭcus** y **-vŏlus** forman su comparativo en **-entior:**

maledĭcus, *maldiciente*, comp. **maledicentior, ius**
benefĭcus, *benéfico*, comp. **beneficentior, ius**
benevŏlus, *benévolo*, comp. **benevolentior, ius.**

Maledicentior y **benevolentior** son en realidad comparativos de **maledicens** y **benevolens**; de ahí su forma.

63. RÉGIMEN DEL COMPARATIVO. — Para traducir la partícula *que*, que en castellano antecede al segundo término de una comparación, el latín utiliza dos procedimientos:

1.º Traduciendo la partícula *que* por **quam** y poniendo el 2.º término en el mismo caso que el primero:

César fué más afortunado que Pompeyo: **Caesar felicior fuit quam Pompeius.**

2.ª Poniendo el segundo término en Ablativo, sin traducir la partícula *que:*
Caesar felicior fuit **P o m p e i o.**

64. Valor intensivo del comparativo. — A veces el comparativo latino no se usa para comparar dos objetos, sino con un sentido equivalente al del castellano *bastante* o *demasiado* seguido de un adjetivo:

timidior est: *es demasiado tímido.*

65. El Superlativo. Formación. — Se forma el superlativo de los adjetivos latinos substituyendo la desinencia del Genitivo sing. por las terminaciones **-issimus, -issima, -issimum.** Así pues, al ponerse en grado superlativo, todos los adjetivos latinos se convierten en adjetivos de tres terminaciones del tipo **bonus, a, um.** Ejemplos:

Positivo	Superlativo
altus, *alto,* Gen. **alt-i**	**altissimus, a, um,** *altísimo, muy alto, el más alto*
fortis, *valeroso, Gen.* **fort-is**	**fortissimus, a, um,** *valerosísimo, muy valeroso, el más valeroso*
prudens, *prudente,* Gen. **prudent-is**	**prudentissimus, a, um,** *prudentísimo, muy prudente, el más prudente.*

En latín expresa de la misma manera el superlativo absoluto *(altísimo, muy alto)* y el superlativo relativo *(el más alto).*

66. Declinación del superlativo. — Es idéntica a la de **bonus, a, um.**

67. Formaciones particulares del superlativo. — *a)* Los adjetivos terminados en **-er** en el Nom. sing. masc. hacen el superlativo en **-errĭmus, -errĭma, -errĭmum.** Ejs.:

pulcher, *bello*	**pulcherrĭmus, a, um,** *bellísimo*
tener, *tierno*	**tenerrĭmus, a, um,** *ternísimo*
celer, *veloz*	**celerrĭmus, a, um,** *velocísimo.*

El adjetivo **vetus, ĕris,** *viejo* (sin comparativo), hace el superl. **vetĕrrimus.** También **matūrus,** *maduro,* puede formar un superl. **maturrĭmus.**

b) Los seis adjetivos siguientes terminados en **-ĭlis** hacen el superlativo en **-illĭmus, a, um:**

Positivo	Superlativo
facĭlis, *fácil*	**facillimus, a, um**
difficĭlis, *difícil*	**difficillimus, a, um**
simĭlis, *semejante*	**simillimus, a, um**
dissimĭlis, *diferente*	**dissimillimus, a, um**
gracĭlis, *esbelto*	**gracillimus, a, um**
humĭlis, *humilde, bajo*	**humillimus, a, um**

Los demás adjetivos en **-ĭlis** forman el superl. en **-issimus: nobĭlis,** *noble,* **nobilissimus, utĭlis,** *útil,* **utilissimus, fertĭlis,** *fértil,* **fertilissimus.**

c) Los adjetivos terminados en **-dĭcus, -fĭcus,** y **-vŏlus,** que ya vimos formaban el comparativo en **-entior,** hacen asimismo el superlativo en **-entissimus, a, um:**

Positivo	Superlativo
maledĭcus,	**maledicentissimus, a, um**
benefĭcus,	**beneficentissimus, a, um**
benevŏlus,	**benevolentissimus, a, um**

68. COMPARATIVOS Y SUPERLATIVOS IRREGULARES. — **Los siguientes adjetivos forman irregularmente sus comparativos y superlativos:**

POSITIVO	COMPARATIVO	SUPERLATIVO
bonus, *bueno*	**melior, ius,** *mejor*	**optĭmus, a, um,** *el mejor, muy bueno, óptimo*
malus, *malo*	**peior, ius,** *peor*	**pessĭmus,** *el peor, muy malo, pésimo*
magnus, *grande*	**maior, ius,** *mayor*	**maxĭmus,** *el mayor, muy grande, máximo*
parvus, *pequeño*	**minor, us,** *menor*	**minĭmus,** *el menor, muy pequeño, mínimo*
multi, *muchos*	**plures, a,** *más*	**plurĭmi,** *muchísimos*
propinquus, *próximo*	**propior,** *más próximo*	**proxĭmus,** *muy próximo*

Nótese cómo de los cuatro primeros el castellano conserva todavía en pleno uso los comparativos, *mejor, peor, mayor, menor,* y también los superlativos, *óptimo, pésimo, máximo, mínimo,* aunque éstos tienden a ser suplantados por las formas regulares, *bonísimo, malísimo, grandísimo, pequeñísimo.*

Nótese también:

Los adj. indeclinables **frugi,** *virtuoso,* y **nequam,** *bribón,* tienen por compar. **frugalior, nequior,** y por superlat. **frugalissimus** y **nequissimus.**

De **dives, ĭtis** y de su forma contracta, **dis, ditis,** *rico,* derivan los compar. **divitior** y **ditior,** y los superl. **divitissimus** y **ditissimus.**

De **iuvĕnis,** *joven,* y **senex,** *anciano,* se han formado **iunior** y **senior,** cuyo valor comparativo se ha debilitado mucho: **iuniōres,** *los hombres todavía jóvenes,* **seniōres,** *los hombres ya ancianos.* No tienen superlativo.

69. COMPARATIVOS Y SUPERLATIVOS SIN POSITIVO. — Algunos adjetivos no se encuentran más que en la forma comparativa y superlativa; la mayor parte derivan de preposiciones:

	COMPARATIVO	SUPERLATIVO
ante, *delante*	**anterior,** *anterior*	
citra, *a este lado de*	**citerior,** *de este lado*	
extra, *fuera de*	**exterior,** *exterior*	**extrēmus,** *último, extremo (el de más afuera)*
intus, *dentro*	**interior,** *interior*	**intĭmus** *íntimo (el de más adentro)*
infra, *debajo*	**inferior,** *inferior*	**infĭmus,** *ínfimo (el de más abajo)*
pro, *delante*	**prior,** *primero (de dos)*	**primus,** *el primero (de muchos)*
post, *después*	**posterior,** *posterior*	**postrēmus,** *postremo, último*
supra, *encima*	**superior,** *superior*	**suprēmus** o **summus,** *el más alto, supremo, sumo*
ultra, *más allá de*	**ulterior,** *ulterior*	**ultĭmus,** *el más alejado, último*
	deterior, *peor*	**deterrĭmus,** *el peor, malísimo*
	ocior, *más rápido*	**ocissĭmus,** *rapidísimo*

70. FORMACIÓN DEL COMPARATIVO Y DEL SUPERLATIVO POR MEDIO DE ADVERBIOS. — Para evitar una acumulación de vocales que resultaría mal sonante, los adjetivos terminados en **-eus, -ius, -uus** forman sus grados de significación ante-

poniendo al positivo los adverbios **magis** para el comparativo y **maxime** para el superlativo.

Ejs.: **magis pius**, *más piadoso* (para evitar **piior**)
maxime idoneus, *muy capaz* (para evitar **idoneissimus**)

71. RÉGIMEN DEL SUPERLATIVO. — El complemento del superlativo se pone, como en castellano, en genitivo:

el más sabio de los hombres: **sapientissimus h o m i n u m**

72. EL COMPARATIVO-SUPERLATIVO. — Cuando se comparan dos objetos que forman pareja, como cuando decimos *la más fuerte de las manos, el ojo más enfermo,* el latín emplea el comparativo en lugar del superlativo usado en castellano. En cambio el complemento se pone en genitivo como si se tratase de un superlativo:
Validior manuum dextra est: *la diestra es la más fuerte de las (dos) manos.*

LOS NUMERALES

73. CLASIFICACIÓN. — El latín posee cinco clases de numerales:

a) Adjetivos numerales *cardinales,* indicando simplemente el número (uno, dos, tres, etc.).

b) Adjetivos numerales *ordinales,* indicando el orden (primero, segundo, tercero, etc.).

c) Adjetivos *distributivos,* contestando a la pregunta *¿en grupos de a cuántos?* (uno a uno, dos a dos, tres a tres, etc.).

d) Adjetivos *multiplicativos,* expresando el número de veces que una cantidad es mayor que otra (doble, triple, etc.).

e) Adverbios *numerales,* expresando las veces que se repite una acción (una vez, dos veces, etc.).

(Véase la tabla.)

74. LOS CARDINALES. DECLINACIÓN. — Los numerales cardinales son en su mayoría invariables. De ellos sólo se declinan los siguientes:

unus, a, um

Nom.	unŭs, ună, unum
Ac.	unum, unam, unum
Gen.	unīus
Dat.	unī
Abl.	unō, unā, unō

OBSERVACIÓN. — En el sentido de *único, solo,* **unus** tiene un vocativo, **une, a, um,** y un plural, **uni, ae, a: Uni ex omnibus Sequani:** *los sécuanos, solos entre todos.* **Ruri ero unos sex dies:** *estaré en el campo sólo seis días.*

75. **duo, duae, duo**

	Masc.	Fem.	Neutro
Nom.	**duŏ**	duae	**duŏ**
Ac.	duōs	duās	**duŏ**
Gen.	duōrum	duārum	duōrum
Dat. Abl.	**duōbus**	**duābus**	**duōbus**

Observación. — Como **duo** se declina **ambo, ae, o,** *ambos.*

76. **tres, tria**

	Masc. Fem.	Neutro
Nom. Ac.	**trēs**	**triă**
Gen.	trium	
Dat. Abl.	trĭbus	

77. Las centenas. — **Centum** es indeclinable, pero las demás centenas, de **ducenti** a **nongenti,** se declinan como **boni, ae, a.**

78. **mille**

En sing. es indeclinable. En plural se declina como un neutro de la 3.ª

Nom. Ac.	miliă
Gen.	milium
Dat. Abl.	milĭbus

79. Uso de **mille.** — El singular **mille** puede ser adjetivo *(mil)* y substantivo *(un millar).* Como adjetivo acompaña simplemente al nombre:

mille passus, *mil pasos (una milla)*
mille homines, *mil hombres*

Como substantivo requiere que el nombre que lo acompaña se ponga en genitivo:

mille hominum: *un millar de hombres*
mille passuum: *un millar de pasos.*

En plural es siempre substantivo:

duo milia hominum: *dos mil hombres (dos millares de hombres)*
tria milia passuum: *tres mil pasos (tres millas).*

80. Observaciones sobre la formación de los cardinales. — *a)* Los números 18, 19, 28, 29, 38, 39, etc., se expresan por medio de una substracción: *dos restados de veinte, uno restado de veinte,* etc.: **duo-de-viginti, un-de-viginti,** etc.

b) A partir de 20, cifra de decenas más cifra de unidades (21, 22, 23, etc.) puede expresarse de dos modos: o como en castellano, **viginti unus,** 21, **quadraginta quinque,** 45, o anteponiendo la cifra de las unidades con la conjunción **et: unus et viginti, quinque et quadraginta,** etc.

TABLA DE LOS NUMERALES

Cifras		Cardinales	Ordinales	Distributivos	Adverbios
I	1	ūnus, a, um	prīmus, a, um=*primero*	singŭli, ae, a=*uno a uno*	sĕmĕl=*una vez*
II	2	dŭŏ, ae, o	sĕcundus, a, um *o* alter era, erum=*segundo*	bīnī, ae, a=*dos a dos*	bĭs=*dos veces*
III	3	trēs, tria	tertius=*tercero*	ternī *o* trini=*tres a tres*	ter=*tres veces*
IV (IIII)	4	quattuŏr	quartus=*cuarto*	quăternī	quătĕr
V	5	quinquĕ	quintus=*quinto*	quīnī	quinquiēs
VI	6	sex	sextus=*sexto*	sēnī	sexiēs
VII	7	septem	septĭmus=*séptimo*	septēni	septiēs
VIII	8	octō	octāvus=*octavo*	octōni	octiēs
IX	9	nŏvem	nōnus=*noveno*	nŏvēnī	nŏviēs
X	10	dĕcem	dĕcĭmus=*décimo*	dēnī	dĕciēs
XI	11	undĕcim	undecimus	undēni	undĕciēs
XII	12	duodĕcim	duodecimus	duodēni	duodĕciēs
XIII	13	trĕdĕcim	tertius decimus	ternī dēnī	ter dĕciēs
XIV	14	quattuordĕcim	quartus decimus	quartenī dēnī	quăter dĕciēs
XV	15	quindĕcim	quintus decimus	quīnī dēnī	quinquiēs deciēs
XVI	16	sēdĕcim	sextus decimus	sēnī dēnī	sexiēs dĕciēs *o* sedecies
XVII	17	septendĕcim	septimus decimus	septēnī dēnī	septiēs dĕcies [ciēs
XVIII	18	duodēvīgintī	duodēvicēsimus	duodēvīcēni, octoni dēnī	duodēvīcies *o* octiēs dĕ-
XIX (XVIIII)	19	undēvīgintī	undēvīcēsimus	undēvīcēnī, novēni denī	undēvīciēs *o* noviēs dĕ-
XX	20	vīgintī	vīcēsimus	vicēnī	vīciēs [cies

XXI	21	ūnus et vīgintī *o* vīgintī unus	ūnus et vīcēsimus *o* vīcēsimus primus	singulī et vīcēni *o* vīcēni singuli	semel et vīciēs *o* vīciēs semel
XXVIII	28	duodētrīgintā	duodētrīcēsimus	duodētrīcēnī	duodētrīciēs
XXIX (XXVIIII)	29	undētrīgintā	undētrīcēsimus	undētrīcēnī	undētrīciēs
XXX	30	trīgintā	trīcēsimus	trīcēnī	trīciēs
XL (XXXX)	40	quadrāgintā	quadrāgēsimus	quadrāgēnī	quadrāgiēs
L	50	quinquāgintā	quinquāgēsimus	quinquāgēnī	quinquāgiēs
LX	60	sexāgintā	sexāgēsimus	sexāgēnī	sexāgiēs
LXX	70	septuāgintā	septuāgēsimus	septuāgēnī	septuāgiēs
LXXX	80	octōgintā	octōgēsimus	octōgēnī	octōgiēs
XC (LXXXX)	90	nōnāgintā	nōnāgēsimus	nōnāgēnī	nōnāgiēs
C	100	centum	centēsimus	centēnī	centiēs
CC	200	dŭcentī, ae, a	dŭcentēsimus	dŭcenī	ducentiēs
CCC	300	trĕcentī, ae, a	trĕcentēsimus	trĕcenī	trĕcentiēs
CD (CCCC)	400	quadringentī, ae, a	quadringentēsimus	quadringēnī	quadringentiēs
D (IↃ)	500	quingentī, ae, a	quingentēsimus	quingēnī	quingentiēs
DC	600	sescentī, ae, a	sescentēsimus	sescēnī	sescentiēs
DCC	700	septingentī, ae, a	septingentēsimus	septingēnī	septingentiēs
DCCC	800	octingentī, ae, a	octingentēsimus	octingēnī	octingentiēs
CM (DCCCC)	900	nongentī, ae, a	nongentēsimus	nongēnī	nongentiēs
M (CIↃ)	1.000	mille	millēsimus	singula mīlia	mīliēs
MM (ĪĪ)	2.000	dŭo mīlia	bĭs millēsimus	bīna mīlia	bĭs mīliēs
CCIↃↃ (X̄)	10.000	dĕcem mīlia	dĕciēs millēsimus	dēna mīlia	dĕciēs mīliēs
CCCIↃↃↃ (C̄)	100.000	centum mīlia	centiēs millēsimus	centēna mīlia	centiēs mīliēs
CCCIIↃↃ	200.000	dŭcenta mīlia	ducentiēs millēsimus	ducēna mīlia	ducentiēs mīliēs
[X] (CCCCIↃↃↃↃ)	1.000.000	dĕciēs centēna mī-lia	dĕciēs centiēs millēsimus	dĕciēs centēna mīlia	dĕciēs centiēs mīliēs

81. LOS ORDINALES. DECLINACIÓN. — Los numerales ordinales son adjetivos de tres terminaciones que se declinan sobre **bonus, a, um,** a excepción de **alter,** *segundo* (véase § 134).

82. OBSERVACIONES SOBRE LOS ORDINALES. — *a)* Los ordinales se construyen como los cardinales: 148.º, **centesimus quadragesimus octavus,** 34.º, **trigesimus quartus** o **quartus et trigesimus.**

b) 18.º, 19.º, 28.º, 29.º, etc., se construyen también por medio de una substracción: **duo-de-vicesimus, un-de-vicesimus,** etc.

c) Las cifras de años se expresan siempre con ordinales: *el año mil,* **millesimus annus;** *el año dos mil,* **bis millesimus annus** (liter., *el año dos veces milésimo); el año tres mil,* **ter millesimus annus** (liter., *el año tres veces milésimo).*

83. LOS DISTRIBUTIVOS. — Estos adjetivos carecen de singular y se declinan como **boni, ae, a.** Se usan:

a) Substituyendo a los cardinales para acompañar a nombres que sólo se usan en plural:

bina castra: *dos campamentos*
ternae litterae: *tres cartas.*

b) Con sentido propiamente distributivo; contestando a las preguntas: *¿En grupos de a cuántos?* o *¿cuántos a cada uno?*

milites binos sextertios acceperunt: *los soldados recibieron dos sextercios cada uno.*

84. LOS ADJETIVOS MULTIPLICATIVOS. — Los multiplicativos forman una serie incompleta de adjetivos que se declinan como **felix, icis** (véase § 53):

simplex, ĭcis, *simple*
duplex, ĭcis, *doble*
triplex, ĭcis, *triple*
quadruplex, ĭcis, *cuádruple*
quintuplex, ĭcis, *quíntuple*
decemplex, ĭcis, *décuple*
centumplex, ĭcis, *céntuple.*

Hay también una serie en **-plus: simplus, duplus, triplus,** etc., indicando la proporcionalidad entre dos cantidades: **duplus,** *dos veces mayor,* **triplus,** *tres veces mayor,* etc.

85. LOS ADVERBIOS NUMERALES. — Los adverbios numerales se usan en las multiplicaciones, junto con los adjetivos distributivos; el adverbio expresa el multiplicador y el adjetivo distributivo el multiplicando:

8 × 6 = 48: sexiens octoni sunt quadraginta octo.

LOS PRONOMBRES

86. CLASIFICACIÓN. — Los pronombres latinos se clasifican en:

1.º personales
2.º posesivos
3.º demostrativos
4.º relativos
5.º interrogativos
6.º indefinidos.

A excepción de los personales, todos los demás son susceptibles de ser usados también como adjetivos.

87. DECLINACIÓN PRONOMINAL. — A excepción de los personales y posesivos, la declinación de los demás pronombres se caracteriza por hacer el Gen. sing. en **-īus** y el Dativo singular en **-ī**, comunes a los tres géneros.

Pronombres personales

88. PRONOMBRES PERSONALES. — 1.ª persona (persona que habla) sing.: **ego**, *yo;* pl.: **nos**, *nosotros.*

2.ª persona (con quien se habla): sing.: **tu**, *tú;* pl.: **vos**, *vosotros.*

3.ª persona (de quien se habla). El latín no tiene propiamente un pronombre de 3.ª persona y lo suple por medio de los demostrativos **is, ea, id** y **ille, illa, illud** (véase §§ 100, 102). Tiene en cambio un pronombre reflexivo de 3.ª persona, **se**, *se, sí.*

89. DECLINACIÓN.

	Singular		
	1.ª persona	2.ª persona	3.ª pers. (reflex.)
NOMINATIVO	**ego**	**tū**	—
VOCATIVO	—	**tū**	—
ACUSATIVO	**mē**	**tē**	**sē**
GENITIVO	**meī**	**tuī**	**suī**
DATIVO	**mĭhī**	**tĭbī**	**sĭbī**
ABLATIVO	**mē**	**tē**	**sē**
	Plural		
NOMINATIVO	**nōs**	**vōs**	—
VOCATIVO	—	**vōs**	—
ACUSATIVO	**nōs**	**vōs**	**sē**
GENITIVO	**nostrum, nostrī**	**vestrum, vestrī**	**suī**
DATIVO	**nōbis**	**vōbis**	**sĭbī**
ABLATIVO	**nōbis**	**vōbis**	**sē**

90. OBSERVACIONES. — *a*) Haciendo de sujeto los pronombres personales no se usan más que cuando son necesarios para el sentido o interesa expresarlos con énfasis; especialmente son usados cuando se quiere subrayar una contraposición:

tu rides, ego fleo: *tú ríes, yo lloro.*

b) Las formas del Gen. pl. **-um, nostrum, vestrum,** se usan casi siempre en sentido partitivo: *de entre nosotros, de entre vosotros.* Las formas en-**i, nostri, vestri,** significan simplemente, *de nosotros, de vosotros:*

miserere nostri: *apiádate de nosotros*
animus est melior pars nostri: *el alma es la mejor parte de nosotros (de cada uno de nosotros)*

en cambio:

quis vestrum? *¿quién de vosotros? (de entre vosotros).*

c) La preposición **cum** se une al Abl. de los pron. pers. en forma de una partícula enclítica: **mecum,** *conmigo,* **tecum,** *contigo,* **secum,** *consigo,* **nobiscum,** *con nosotros,* **vobiscum,** *con vosotros.*

d) Algunas formas pueden reforzarse añadiéndoles el sufijo **-met** o bien reduplicándolas: egomet, *yo mismo,* **meimet,** *de mí mismo,* **tibimet,** *a ti mismo,* **nosmet,** vosmet, etc. La forma reforzada de **tu** es **tute.**

A veces se encuentran las formas reduplicadas **meme, tete** y sobre todo **sese.**

Los pronombres personales pueden también reforzarse por medio del demostrativo **ipse:** mihi **ipsi noceo,** *me perjudico a mí mismo;* y también por la partícula **quidem.**

91. USO DEL REFLEXIVO. — El pronombre reflexivo **se** hace siempre referencia al sujeto de la oración. Compárese:

magister eum laudat: *el maestro le alaba* (p. ej., al discípulo)
superbus se laudat: *el soberbio se alaba* (a sí mismo).

La reciprocidad de una acción se indica por medio de **inter se:**

inter se pugnant: *luchan entre sí.*

Pronombres posesivos

92. PRONOMBRES POSESIVOS. — A los pronombres personales corresponden pronombres-adjetivos posesivos.

1.ª pers. sing.: meus, a, um, *mío.*
Adjetivo: **Liber meus est melior:** *mi libro es mejor.*
Pronombre: **Meus est melior:** *el mío es mejor.*

2.ª pers. sing.: tuus, a, um, *tuyo.*
Adjetivo: **Rosae tuae sunt pulchriores:** *tus rosas son más bellas.*
Pronombre: **Tuae sunt pulchriores:** *las tuyas son más bellas.*

3.ª pers. reflexivo: suus, a, um, *suyo.*
Adj.: **Imperator milites suos laudat:** *el general alaba a sus soldados.*
Pron.: **Imperator suos laudat:** *el general alaba a los suyos.*

1.ª pers. plural: noster, tra, trum, *nuestro.*
Adj.: **Equites nostri castra oppugnaverunt:** *nuestros jinetes atacaron el campamento.*

Pron.: **Nostri castra oppugnaverunt:** *los nuestros atacaron el campamento.*

2.ª pers. pl.: **vester, tra, trum,** *vuestro.*

Adj.: **Domus vestra est altior:** *vuestra casa es más alta.*

Pron.: **Vestra est altior:** *la vuestra es más alta.*

93. DECLINACIÓN DE LOS POSESIVOS. — Se declinan como los adjetivos de tres terminaciones. Hay que notar solamente que **meus** tiene por vocativo **mi.**

94. USO DE LOS POSESIVOS. — *a)* Los posesivos no se usan más que cuando puede caber duda sobre quién es el poseedor; cuando éste está suficientemente indicado por el contexto, el posesivo no se expresa:

parentes diligo: *amo a mis padres.*
epistulam a fratre accepi: *recibí una carta de mi hermano.*

b) El reflexivo **suus.** 1.º Como su correspondiente pronombre personal **se**, el posesivo **suus** hace referencia, por regla general, al sujeto de la oración. Cuando el poseedor no es el sujeto mismo de la oración, **suus** se substituye por el Genit. del demostrativo **is, ea, id: eius,** *de él, de ella;* **eorum, earum,** *de ellos, de ellas.*

2.º Significando *su propio* puede referirse a un nombre distinto del sujeto. Nótese sobre todo la expresión **sui cives,** *sus conciudadanos:*

Aristidem sui cives e civitate eiecerunt: *a Arístides sus conciudadanos le echaron de la ciudad.*

3.º Como ocurre con los pron. pers., algunas formas de **suus** pueden ser reforzadas por **-met: suamet facta,** *sus propias acciones;* en el Abl. sing. se usa también el sufijo **-pte: suopte ingenio,** *por su propio talento.*

Pronombres demostrativos

95. PRONOMBRES-ADJETIVOS DEMOSTRATIVOS. — Son los siguientes:

Demostrativos propiamente dichos:	**hic, haec, hoc,** *éste.* **iste, ista, istud,** *ése.* **ille, illa, illud,** *aquél.*
Demostrativo gramatical:	**is, ea, id,** *éste.*
Demostrativos de identidad:	**idem, eadem, idem,** *el mismo.* **ipse, ipsa, ipsum,** *él mismo.*

96. **hic, haec, hoc,** *éste, ésta, esto.*

Pronombre: **hic orat:** *éste reza.*

Adjetivo: **hic vir orat,** *este hombre reza.*

	Singular			Plura		
	Masc.	Fem.	Neutro	Masc.	Fem.	Neutro
NOMINATIVO	**hic**	**haec**	**hoc**	hī	hae	**haec**
ACUSATIVO	**hunc**	**hanc**	**hoc**	hōs	hās	**haec**
GENITIVO	**huius**	*para los tres gén.*		hōrum	hārum	hōrum
DATIVO	**huic**	*para los tres gén.*		hīs	*para los tres gén.*	
ABLATIVO	**hōc**	**hāc**	**hōc**	hīs	*para los tres gén.*	

97. Uso de **hic.** — *a*) **Hic** es el demostrativo de la 1.ª persona; indica un objeto próximo o perteneciente a la persona que habla, y equivale a veces al posesivo **meus:**

haec manus: *esta mano, mi mano.*
hi mores: *estas costumbres, las costumbres de nuestro tiempo.*

b) El sufijo **-c** se encuentra también en otros casos que los indicados (sobre todo en los autores preclásicos) y muchas veces en su forma llena **-ce: hosce, hisce, huiusce-modi,** *de este modo,* etc.

98. **iste, ista, istud,** *ése, ésa, eso.*

Pronombre: **iste amat:** *ése ama.*
Adjetivo: **iste puer amat:** *ese niño ama.*

	Singular			Plural		
	Masc.	Fem.	Neutro	Masc.	Fem.	Neutro
Nominativo	**istĕ**	istă	**istud**	istī	istae	istă
Acusativo	istum	istam	**istud**	istōs	istās	istă
Genitivo	**istīus**	*para los tres gén.*		istōrum	istārum	istōrum
Dativo	**istī**			istīs	*para los tres gén.*	
Ablativo	istō	istā	istō	istīs		

99. Uso de **iste.** — *a*) **Iste** es el demostrativo de la 2.ª persona e indica un objeto próximo o perteneciente a la persona con quien se habla (como el castellano *ése*). Puede a veces traducirse por el posesivo *su:*

ista auctoritas: *esa autoridad tuya*
isti philosophi: *los filósofos de que hablas.*

En los discursos judiciales se refiere generalmente a la parte contraria y adquiere con frecuencia un cierto matiz despreciativo.

c) En lugar de **istud** se encuentra a veces **istuc,** con el mismo sufijo **-c** de **hic.**

100. **ille, illa, illud,** *aquél, aquélla, aquello, él, ella ello.*

Pronombre: **ille ambulat:** *aquél (él) se pasea.*
Adjetivo: **ille homo ambulat:** *aquel hombre se pasea.*

	Singular			Plural		
	Masc.	Fem.	Neutro	Masc.	Fem.	Neutro
Nominativo	**illĕ**	illă	**illud**	illī	illae	illă
Acusativo	illum	illam	**illud**	illōs	illās	illă
Genitivo	**illīus**	*para los tres gén.*		illōrum	illārum	illōrum
Dativo	**illī**			illīs	*para los tres gén.*	
Ablativo	illō	illā	illō	illīs		

101. Uso de **ille.** — *a*) **Ille** es el demostrativo de la 3.ª persona; indica los objetos de que se habla o que están alejados de las personas que hablan:

Fons rivi h u i u s in i l l a valle situs est: *la fuente de este río* (que pasa ante nosotros) *está situada en aquel valle* (que se ve a lo lejos).

b) **Ille** se usa como pronombre personal de 3.ª pers., sobre todo en Nominativo.
c) Se usa también con valor enfático, expresando admiración:
Coriolanus ille, *aquel famoso Coriolano.*
d) En lugar de **illud** se encuentra también **illuc**, con el mismo sufijo **-c** de **hic**.

102. **is, ea, id,** *éste, ésta, esto; él, ella, ello.*
Pronombre: **is strenue pugnavit:** *éste luchó bravamente.*
Adjetivo: **is miles strenue pugnavit:** *este soldado luchó bravamente.*

	Singular			Plural		
	Masc.	Fem.	Neutro	Masc.	Fem.	Neutro
Nominativo	**ĭs**	**eă**	**ĭd**	eī, iī	**eae**	**eă**
Acusativo	eum	**eam**	**ĭd**	eōs	**eās**	**eă**
Genitivo	**ēius**	*para los tres gén.*		eōrum	**eārum**	**eōrum**
Dativo	**eī**	*para los tres gén.*		eīs, iīs	*para los tres gén.*	
Ablativo	eō	eā	eō	eīs, iīs	*para los tres gén.*	

103. Uso de **is**. — **Is** es una especie de demostrativo gramatical. Se usa:
a) Refiriéndose a un objeto ya mencionado anteriormente:
Caesar duas **legiones** conscribit; cum **iis** Rhodanum transit: *César recluta dos legiones; con ellas atraviesa el Ródano.*
b) En función de pron. pers. de 3.ª pers., sobre todo en los casos oblicuos:
eum vidi: *le vi.*
iis irascor: *me irrito con ellos.*
c) Como antecedente del relativo:
Is, quem videtis, frater meus est: *éste que veis es mi hermano.*
Is fecit, cui prodest: *lo hizo aquél a quien aprovecha.*

104. **idem, eadem, idem,** *el mismo, la misma, lo mismo.*
Pronombre: **idem accidit,** *sucedió lo mismo.*
Adjetivo: **eadem res accidit,** *sucedió la misma cosa.*

	Singular		
	Masculino	Femenino	Neutro
Nominativo	**idem**	**eădem**	**idem**
Acusativo	**eundem**	**eandem**	**idem**
Genitivo	eiusdem	*para los tres géneros*	
Dativo	eidem	*para los tres géneros*	
Ablativo	eōdem	eādem	eōdem
	Plural		
Nominativo	eidem, iidem	eaedem	eădem
Acusativo	eosdem	easdem	eădem
Genitivo	**eorundem**	**earundem**	**eorundem**
Dativo	eisdem, iisdem	*para los tres géneros*	
Ablativo	eisdem, iisdem	*para los tres géneros*	

Idem es un compuesto de **is, ea, id** más el sufijo invariable **-dem.**

105. **ipse, ipsa, ipsum,** *él mismo, ella misma, lo mismo.*

	Singular			Plural		
	Masc.	Fem.	Neutro	Masc.	Fem.	Neutro
Nominativo	ipsĕ	ipsă	ipsum	ipsī	ipsae	ipsă
Acusativo	ipsum	ipsam	ipsum	ipsōs	ipsās	ipsă
Genitivo	**ipsīus**	*para los tres gén.*		ipsōrum	ipsārum	ipsōrum
Dativo	**ipsī**			ipsīs	*para los tres gén.*	
Ablativo	ipsō	ipsā	ipsō	ipsīs		

106. Uso de **ipse** y de **idem.** — Debe distinguirse el sentido de idem del de ipse. **Idem** sirve para hacer referencia al mismo objeto de que se ha hablado antes. **Ipse** sirve sobre todo para distinguir una persona o clase de personas o cosas y oponerla a otras; debe traducirse por diversos procedimientos. Compárese:

> **Eum vidi in e o d e m f o r o:** *le ví en el mismo foro* (en el mismo que dije antes).
>
> **In i p s o f o r o saltavit:** *se puso a bailar en el foro mismo* (en pleno foro).
>
> **Valvae s e i p s a e aperuerunt:** *las puertas se abrieron por sí mismas.*

Pronombres relativos

107. Pronombres relativos. — **qui, quae, quod,** *que, cual, quien, cuyo.*

	Singular			Plural		
	Masc.	Fem.	Neutro	Masc.	Fem.	Neutro
Nominativo	**quī**	**quae**	**quŏd**	quī	quae	**quae**
Acusativo	**quem**	quam	**quŏd**	quōs	quās	**quae**
Genitivo	**cūius**	*para los tres gén.*		quōrum	quārum	quōrum
Dativo	**cui**			**quibus**	*para los tres gén.*	
Ablativo	quō	quā	quō	**quibus**		

108. El pronombre relativo introduce una oración adjetiva que determina o califica a un substantivo o pronombre.

> **Belgae proximi sunt G e r m a n i s , q u i trans Rhenum incolunt:** *los belgas son vecinos de los germanos, que habitan más allá del Rin.*

La oración relativa *que habitan más allá del Rin* **(qui trans Rhenum incolunt)** explica al substantivo *germanos* **(Germanis)**; éste es el antecedente del relativo **qui.**

El relativo concierta con su antecedente en género y número. En cuanto al caso, adopta el que le corresponde según su función en la oración. Véase § 315.

109. *b)* Uso adjetivo del relativo. — **Qui, quae, quod,** puede usarse también como adjetivo: Ejemplo:

> **Adventum tuum cognovi, q u i n u n t i u s mihi gratissimus fuit:** *supe tu llegada, noticia que me ha sido muy grata* (liter. la cual noticia...)

Qui acompaña aquí al nombre **nuntius,** *noticia,* concertando con él en género, número y caso; es, por tanto, un adjetivo.

110. c) **Is, ea, id** antecedente del relativo. Con frecuencia el antecedente del relativo no es un substantivo, sino un pronombre; en este caso suele usarse en latín **is, ea, id** (véase § 103 c). En los casos en que el antecedente **is** y el relativo deban ir uno detrás de otro (**is qui,** *éste que, el que;* **ea quae,** *ésta que, la que,* etc.) puede suprimirse el antecedente:

Qui vincunt, imperant: *los que vencen mandan.*
La expresión completa sería: **Ii, qui vincunt, imperant.**

111. Otros relativos. — **Quicumque, quaecumque, quodcumque,** *cualquiera que.*

	Singular		
	Masculino	Femenino	Neutro
Nominativo	**qui**cumque	**quae**cumque	**quod**cumque
Acusativo	**quem**cumque	**quam**cumque	**quod**cumque
Genitivo	**cuius**cumque	*para los tres géneros*	
Dativo	**cui**cumque		
Ablativo	**quo**cumque	**qua**cumque	**quo**cumque
	Plural		
Nominativo	**qui**cumque	**quae**cumque	**quae**cumque
Acusativo	**quos**cumque	**quas**cumque	**quae**cumque
Genitivo	**quorum**cumque	**quarum**cumque	**quorum**cumque
Dativo	**quibus**cumque	*para los tres géneros*	
Ablativo	**quibus**cumque		

112. Uso de **quicumque.** — **Quicumque** se usa como pronombre y como adjetivo. Ejemplos:

Pronombre: **quicumque hoc dixit:** *quienquiera dijo esto.*
Adjetivo: **quaecumque res accidisset:** *cualquier cosa que hubiese sucedido.*

113. **quisquis, quidquid,** *cualquiera que.*

Sólo se usa corrientemente en las formas siguientes:

Nom. sing. **quisquis** (*masc. fem.*) **quidquid** (*neutro*).
Abl. sing. **quoquo** (*masc. y neut.*).

Pronombres interrogativos

114. Pronombres interrogativos. — **Quis? o qui?, quae?, quid? o quod?,** *¿quién?, ¿qué?*

	Singular			Plural		
	Masc.	Fem.	Neutro	Masc.	Fem.	Neutro
Nominativo	quis, quī	quae	quid, quod	quī	quae	quae
Acusativo	quem	quam	quid, quod	quōs	quās	quae
Genitivo	cuius	*para los tres gén.*		quōrum	quārum	quōrum
Dativo	cuï			quibus	*para los tres gén.*	
Ablativo	quō	quā	quō	quibus		

115. Uso del interrogativo. — **Quis** puede usarse como pronombre y como adjetivo interrogativo. En el Nominativo sing. masc. lo corriente es que **quis** sea pronombre y **qui** adjetivo; en el sing. neutro **quid** es siempre pronombre y **quod** adjetivo:

Pronombre: **quis venit?** *¿quién viene?*
Adjetivo: **qui servus venit?** *¿qué esclavo viene?*
Pronombre: **quid cogitas?** *¿qué piensas?*
Adjetivo: **quod consilium capies?** *¿qué determinación tomarás?*

116. Interrogativos compuestos de **quis**

quisnam, quaenam, quidnam y quodnam, *¿quién?, ¿qué?*
ecquis y ecqui, ecqua y ecquae, ecquid y ecquod, *¿acaso alguien?*
numquis, numqua y numquae, numquid, *¿acaso alguien?*

Se declinan como **quis o qui, quae, quid o quod.**

117. **uter?, utra?, utrum?** *¿cuál de los dos?*

Pronombre: **uter vicit?**, *¿cuál de los dos venció?*
utrum facis?, *¿qué alternativa tomas?*
Adjetivo: **utra via profectus est?**, *¿por cuál de los dos caminos partió?*

	Singular			Plural		
	Masc.	Fem.	Neutro	Masc.	Fem.	Neutro
Nominativo	uter	utră	utrum	utrī	utrae	utră
Acusativo	utrum	utram	utrum	utrōs	utrās	utră
Genitivo	**utrīus**	*para los tres gén.*		utrōrum	utrārum	utrōrum
Dativo	**utrī**			utrīs	*para los tres gén.*	
Ablativo	utrō	utrā	utrō	utrīs		

118. Uso de **uter.** — El plural **utri, ae, a,** declinado sobre **boni, ae, a,** sólo se usa con los nombres que carecen de singular o para designar dos categorías de personas o cosas. Ejemplos:

utra castra?, *¿cuál de los dos campamentos?*
utri meliores sunt?, *¿cuáles son los mejores?* (de dos grupos de hombres).

119. INTERROGATIVOS-EXCLAMATIVOS. — Los pronombres interrogativos pueden usarse también como exclamativos. Especialmente frecuente es este uso en los siguientes:

qualis, quale?, *¿cuál? ¿qué? ¿de qué clase o condición?*
Qualis vir?, *¿qué clase de hombre?*
Qualis artifex pereo!, *¡qué artista muere en mí!*

quantus, a, um?, *¿cuán grande? ¿cuánto?*
Quantus labor!, *¡cuánto trabajo!*

quot? (indeclinable), *¿cuántos?*
Quot milites!, *¡cuántos soldados!*

También **qui, quae, quod** se usa como exclamativo:
Quem virum, di boni! *¡qué hombre, buen Dios!*

Pronombres indefinidos

120. PRONOMBRES INDEFINIDOS.

Casi todos los pronombres indefinidos pueden usarse al mismo tiempo como adjetivos. Los principales son los siguientes:

121. 1.º **Quis, quae o qua, quid** (pron.) y **quod** (adj.), *alguien, algo.*

Observaciones. — *a*) Se declina como el interr. **quis**, sólo que el Nom. sing. fem. y el Nom. Ac. pl. neutro pueden hacer **quae** o **quă**.

b) Es menos usado que **aliquis**, y se encuentra sobre todo después de las conjunciones **si, nisi, ne** y la partícula interrogativa **num**.

122. 2.º **Quispiam, quaepiam, quidpiam** y **quodpiam**, *alguno.*

Se declina sobre **quis**; el sufijo **-piam** es invariable.

123. 3.º **Aliquis** o **aliqui, aliqua, aliquid** y **aliquod**, *alguien, algún, algo.*

Se declina sobre **quis**; el Nom. sing. fem. y Nom. Ac. pl. neutro hacen siempre **aliqua**.

124. 4.º **Quidam, quaedam, quiddam** y **quoddam**, *cierto hombre, cierta mujer, cierta cosa.*

Se declina sobre **quis**; **-dam** es invariable. Nótese el Nom. sing. masc. **quidam**. El Ac. sing. masc. y fem. es **quendam, quandam**; el Gen. pl. **quorundam, quarundam, quorundam**.

125. 5.º **Quisque, quaeque, quidque** y **quodque**, *cada uno.*

Quisque (**-que** es invariable), en el sentido de *todo aquél que*, da lugar a algunas locuciones particulares; nótese su uso con el superlativo:

Sapientissimus quisque: *todo aquél que se distingue por su sabiduría (los más sabios).*

Optimum quidque faciebat: *hacía cuánto era mejor.*

126. 6.º **Unusquisque, unaquaeque, unumquidque** y **unumquodque**, *cada uno.*

Se declinan **unus** y **quis**, quedando **-que** invariable.

127. 7.º **Uterque, utraque, utrumque,** *uno y otro, ambos.*

Se declina sobre **uter** (véase § 117); **-que** es invariable. El plural **utrīque, utraeque, utrăque,** puede usarse referido a dos grupos de personas o cosas o a nombres que carezcan de singular.

128. 8.º **Quisquam** (masc. y fem.), **quicquam** o **quidquam,** *alguien, algo.*

-quam es invariable. En el latín clásico se encuentra sólo en frases negativas, de modo que normalmente debe traducirse por *nadie, nada.* Tiene siempre valor de pronombre. Como adjetivo es reemplazado por el siguiente.

129. 9.º **Ullus, a, um,** *alguno.*

Se declina como **unus** (Gen. **ullīus,** Dat. **ullī**). Es el adjetivo correspondiente a **quisquam,** y como éste se usa sólo en frases negativas.

130. 10.º **Nemo,** *nadie,* **nihil,** *nada.*

Nemo sólo se usa en Nom. Ac. y Dat. sing.; en los demás casos adopta las formas de **nullus.** Nihil es una forma neutra sólo usada en Nom. Ac. sing.; los demás casos se substituyen por una perífrasis con **nulla res,** *ninguna cosa:*

Nom.	nemo	nĭhĭl
Ac.	neminem	nĭhĭl
Gen.	**nullīus**	nullīus **rei**
Dat.	nemĭnī	**nullī rei**
Abl.	**nullō**	**nullā rē**

Nemo y **nihil** son siempre pronombres; su adjetivo correspondiente es **nullus.**

131. 11.º **Nullus, a um,** *ninguno.*

Es el adjetivo correspondiente a **nemo** y **nihil.** Se declina como **unus** (véase § 74).

132. 12.º **Neuter, neutra, neutrum,** *ninguno de los dos.*

Se declina como **uter, utra, utrum,** (véase § 117). Puede pronunciarse **neûter** o **neúter.**

133. 13.º **Quivis, quaevis, quidvis** y **quodvis; quilibet, quaelibet, quidlibet** y **quodlibet** *cualquiera* (literal. *el que quieras*).

-vis y **libet** quedan invariables.

134. 14.º **Alter, era, erum,** *el uno, el otro* (de dos), *el segundo.*

Genit. sing. **alterīus;** dat. **alteri.**
Hablando de dos personas o cosas, la expresión *el uno... el otro* se traduce por **alter... alter:**

> **Alter consul occisus est, alter fugit:** *de los dos cónsules, el uno fue muerto, el otro huyó.*

135. 15.º **Alius, a, ud,** *el otro, otro.*

Uso de **alius.** *a)* En lugar del Genit. **alīus** se usa generalmente el de **alter: alterīus.** El Dat. es **alii.** El plural, refiriéndose a grupos de personas y cosas, se declina como **boni, ae, a.**

b) Se refiere a más de dos personas o cosas. La expresión *uno... otro... otro* se traduce en latín por **alius... alius... alius**; *unos... otros*, por **alii... alii**:

A l i u d est maledicere, a l i u d accusare: *una cosa es murmurar, otra acusar.*
A l i i fossas complebant, a l i i defensores vallo depellebant: *unos cegaban los fosos, otros desalojaban a los defensores de la estacada.*

c) Usado como adjetivo, **alius** significa también *diferente*:
Alia est facies rerum: *el aspecto de las cosas es distinto (ha cambiado).*

d) **Alius** repetido da lugar a locuciones dignas de atención:
A l i i in a l i a m partem discesserunt: *cada uno partió en dirección distinta* (liter. *las distintas personas partieron en distintas direcciones*)
A l i u s in a l i a re est magis utilis: *cada uno es más útil en una cosa distinta.*

Por este procedimiento puede expresarse la reciprocidad de una acción:
A l i i a l i o s trucidant: *se degüellan los unos a los otros.*

136. 16.º **Alteruter, utra, utrum,** *el uno o el otro.*

Puede declinarse de dos formas: o declinando a la vez los dos componentes: **alter uter, altera utra, alterum utrum** (**alterīus utrīus**, etc.), o declinando sólo **uter** y dejando invariable **alter** (Gen. **alterutrius**, etc.).

137. 17.º **Totus, a, um,** *todo.*
Solus, a, um, *solo.*
Unus, a, um, *solo.*

a) Por su declinación véase § 74. Gen. sing. **totīus, solīus, unīus**; Dat. sing. **totī, solī, unī**.

b) Acompañando a un substantivo o pronombre, **solus** y **unus** pueden traducirse a menudo por medio de un adverbio:

Tibi s o l i confido: *en ti solo confío o solamente en ti confío.*

EL VERBO

138. Verbos transitivos e intransitivos. — Los verbos latinos pueden ser, como los castellanos, transitivos o intransitivos.

Verbo *transitivo* es el que va acompañado de un complemento directo en acusativo; en otras palabras, es aquél cuya acción recae inmediatamente sobre una persona o cosa que es su término o complemento:

Amo a mis padres: **parentes diligo.**
El campesino cultiva los campos: **agricola colit agros.**

Verbo *intransitivo* es el que no puede ir acompañado de un complemento directo en acusativo; generalmente indica una acción que no sale del sujeto para recaer sobre otra persona o cosa:

El niño corre: **puer currit.**
Me perjudica: **mihi nocet.**

Nótese que el castellano y el latín no siempre coinciden en el uso transitivo o intransitivo de los verbos, sino que verbos transitivos en latín son intransitivos en castellano y viceversa:

Fugere mortem: *huir de la muerte.*
Ignoscere alicui: *perdonar a alguien.*

139. Voces. — El verbo latino distingue las tres voces siguientes, las dos primeras comunes al castellano:

1.º *Voz activa,* en la que el sujeto es el que realiza la acción expresada por el verbo:

Cicerón salvó la ciudad: **Cicero civitatem servavit.**

2.º *Voz pasiva,* en la que el sujeto es el que sufre o recibe la acción expresada por el verbo:

La ciudad fue salvada por Cicerón: **Civitas a Cicerone servata est.**

3.º *Voz deponente,* que comprende una serie de verbos que sólo tienen formas pasivas, pero con sentido activo:

Deos veneramur: *veneramos a los dioses.*

140. Modos. — El verbo latino tiene ocho modos, clasificados como sigue:

a) Modos personales (en los que la forma verbal expresa también la persona que ejecuta o sufre la acción): *Indicativo, Subjuntivo, Imperativo.*

b) Modos impersonales, divididos en, 1) formas substantivas (que tienen naturaleza de substantivo): *Infinitivo, Gerundio, Supino,* y 2) formas adjetivas (con naturaleza de adjetivos), *Participio, Gerundivo.*

141. Tiempo. — En sus modos personales tiene el verbo latino los siguientes tiempos: En Indicativo: *Presente, Pretérito Imperfecto, Perfecto, Pretérito Pluscuamperfecto, Futuro Imperfecto* y *Futuro Perfecto.*

En Subjuntivo: los mismos menos los dos Futuros.
En Imperativo: *Presente* y *Futuro.*

De los modos impersonales, el Infinitivo tiene *Presente, Perfecto* y *Futuro;* la voz activa tiene *Participios de presente y de futuro,* la pasiva, sólo de *perfecto.*

142. PERSONAS. — Como el castellano, el verbo tiene en latín tres personas para el singular y tres para el plural (el Imperativo carece de las primeras personas de los dos números). Las personas se distinguen por sus terminaciones, llamadas *desinencias personales.*

143. DESINENCIAS PERSONALES DE LA VOZ ACTIVA. — 1.º Para todos los tiempos, excepto el Perfecto y el Imperativo:

	Singular	Plural
1.ª persona	**-o, -m**	**-mus**
2.ª »	**-s**	**-tis**
3.ª »	**-t**	**-nt**

2.º Para el Perfecto:

	Singular	Plural
1.ª persona	**-i**	**-ĭmus**
2.ª »	**-isti**	**-istis**
3.ª »	**-it**	**-ērunt** o **ēre**

3.º Para el Imperativo:

	Singular		Plural	
	Presente	Futuro	Presente	Futuro
2.ª persona	—	-tō	-te	-tōte
3.ª »		-tō		-ntō

144 FORMACIÓN DE LOS TIEMPOS. — La conjugación del verbo latino se basa en tres temas, de *presente, perfecto* y *supino,* que sirven para la formación de los tiempos restantes.

1.º Del tema de Presente derivan:

Los *Presentes, pretéritos imperfectos, futuro imperfecto, gerundio* y *gerundivo.*

2.º Del tema de Perfecto derivan:

Los *perfectos, pretéritos pluscuamperfectos* y *futuro perfecto.*

3.º Del tema de supino derivan:

Los *supinos* y, en la voz activa, el *infinitivo de futuro* y el *participio de futuro;* en la pasiva, el *infinitivo futuro* y el *participio pasado.*

145. LAS CUATRO CONJUGACIONES. — Los tiempos del tema de presente se conjugan según cuatro sistemas distintos que constituyen las *cuatro conjugaciones.* Éstas se distinguen por la 2.ª pers. sing. del presente de Indicativo y por el Infinitivo de presente.

146. CARACTERÍSTICAS TEMPORALES. — Entre el tema y las desinencias personales se insertan una o varias letras que sirven para caracterizar los tiempos. Son las siguientes:

	Característica	1.ª conj.	2.ª conj.	3.ª conj.	4.ª conj.
TEMA DE PRES.					
Pret. Imperf. Indic.	-ba-	ama-ba-s	mone-ba-s	rege-ba-s	audie-ba-s
Fut. Imp.	-bi- (1.ª y 2.ª conj.); -a- (1.ª pers.) -e- (rest.) (3.ª y 4.ª conj.)	ama-bi-s	mone-bi-s	reg-a-m, reg-e-s	audi-a-m audi-e-s
Pres. Subj.	-e- (1.ª conj.); -a- (2.ª, 3.ª y 4.ª conj.)	am-e-s	mone-a-s	reg-a-s	audi-a-s
Pret. Imp. Subj.	-re-	ama-re-s	monē-re-s	regĕ-re-s	audī-re-s
TEMA DE PERF.					
Pret. Plusc. Ind.	-ĕra-	amav-ĕra-s	monu-ĕra-s	rex-ĕra-s	audiv-ĕra-s
Fut. Perf. Ind.	-ĕri-	amav-ĕri-s	monu-ĕri-s	rex-ĕri-s	audiv-ĕri-s
Pret. Perf. Sub.	-ĕri-	amav-ĕri-s	monu-ĕri-s	rex-ĕri-s	audiv-ĕri-s
Pret. Plusc. Subj.	-isse-	amav-isse-s	monu-isse-s	rex-isse-s	audiv-isse-s

Los tiempos del tema de Perfecto se conjugan igual en todos los verbos.

147. ENUNCIACIÓN DE UN VERBO LATINO. — Se enuncia un verbo latino indicando todas las formas cuyo conocimiento es indispensable para poderlo conjugar. Son éstas:

1.ª pers. sing. Pres. Indicat.:	para indicar el tema de Presente.
2.ª pers. sing. Pres. Indicat.: *Infinitivo presente:*	para indicar la conjugación a que pertenece.
1.ª pers. sing. Perfecto Indicat.:	para indicar el tema de Perfecto.
Supino:	para indicar el tema de Supino.

Así:

	1.ª pers. sing. Pres. ind.	2.ª pers. sing. Pres. ind.	Infinitivo presente	Perfecto	Supino	
1.ª conj.	**amo**	**amas**	**amāre**	**amāvi**	**amātum**	*amar*
2.ª conj.	**moneo**	**mones**	**monēre**	**monui**	**monĭtum**	*advertir*
3.ª conj.	**rego**	**regis**	**regĕre**	**rexi**	**rectum**	*regir*
4.ª conj.	**audio**	**audis**	**audīre**	**audīvi**	**audītum**	*oír*

143. sum, es, esse, fui

	Indicativo	Subjuntivo
PRESENTE	sum *yo soy, estoy* es est sumus estis sunt	sim *yo sea, esté* sis sit simus sitis sint
PRETÉRITO IMPERFECTO	eram *yo era, estaba* eras erat erāmus erātis erant	essem *yo fuera, sería, fuese,* esses *[estuviera, etc.* esset essēmus essētis essent
FUTURO IMPERFECTO	ero *yo seré, estaré* eris erit erĭmus erĭtis erunt	
PERFECTO	fui *yo fui, he sido, hube sido,* fuisti *[estuve, etc.* fuit fuimus fuistis fuērunt, fuēre	fuĕrim *yo haya sido, estado* fuĕris fuĕrit fuerĭmus fuerĭtis fuĕrint
PRETÉRITO PLUSCUAMPERF.	fuĕram *yo había sido, estado* fuĕras fuĕrat fuerāmus fuerātis fuĕrant	fuissem *yo hubiera sido, esta-* fuisses *[do, etc.* fuisset fuissēmus fuissētis fuissent
FUTURO PERFECTO	fuĕro *yo habré sido, estado* fuĕris fuĕrit fuerĭmus fuerĭtis fuĕrint	

ser, *estar.*

Imperativo	Infinitivo	Participio
es *sé tú (ahora)* este	esse *ser, estar*	
esto *sé tú (más tarde)* esto estōte sunto	fore o futūrum, am, um esse *haber de ser, estar*	futūrus, a, um *que ha de ser, estar*
	fuisse *haber sido, estado*	

COMPUESTOS DE **sum.** Se conjugan sobre **sum:**

absum, abes, abesse, afui, *estar ausente* (nótese perf. **afui**)
adsum, es, esse, fui, *estar presente, asistir*
desum, es, esse, fui, *faltar*
insum, es, esse, fui, *estar dentro*
intersum, es, esse, fui, *estar entre, intervenir*
obsum, es, esse, fui, *oponerse, perjudicar*
praesum, es, esse, fui, *estar al frente de, presidir*
supersum, es, esse, fui, *sobrar, sobrevivir.*

149. PRIMERA CONJUGACION

	Indicativo	Subjuntivo
PRESENTE	amo *yo amo* amas amat amāmus amātis amant	amem *yo ame* ames amet amēmus amētis ament
PRETÉRITO IMPERFECTO	amābam *yo amaba* amābas amābat amabāmus amabātis amābant	amārem *yo amara, amaría,* amāres *[amase* amāret amarēmus amarētis amārent
FUTURO IMPERFECTO	amābō *yo amaré* amābis amābit amabĭmus amabĭtis amābunt	
PERFECTO	amāvī *yo amé, he, hube amado* amavisti amavit amavĭmus amavistis amavērunt, amavēre	amavĕrim *yo haya amado* amavĕris amavĕrit amavĕrĭmus amaverĭtis amavĕrint
PRETÉRITO PLUSCUAMPERF.	amavĕram *yo había amado* amavĕras amavĕrat amavĕrāmus amavĕrātis amavĕrānt	amavissem *yo hubiera, habría,* amavisses *[hubiese amado* amavisset amavissēmus amavissētis amavissent
FUTURO PERFECTO	amavĕrō *yo habré amado* amavĕris amavĕrĭt amavĕrĭmus amavĕrĭtis amavĕrint	

mo, ās, āre, āvi, ātum, *amar*.

Imperativo	Infinitivo	Participio
amā *ama (ahora)* amāte *amad*	amāre *amar*	amans, amantis *el que* [*ama, amante*
amāto *ama (más tarde)* amāto amatōte amanto	amatūrum, am, um esse [*haber de amar*	amatūrus, a, um *que ha* [*de amar, destinado a amar*
	amavisse *haber amado*	
	Gerundio *Acus.:* amandum *a amar* *Gen.:* amandī *de amar* *Dat.:* amandō *para amar* *Abl.:* amandō *por amar, amando* **Supino** 1.° amātum *a amar* 2.° amātū *de amar*	

150. SEGUNDA CONJUGACIÓN

	Indicativo	Subjuntivo
PRESENTE	moneō *yo advierto* monēs monĕt monēmus monētis monent	moneam *yo advierta* moneas moneat moneāmus moneātis moneant
PRETÉRITO IMPERFECTO	monēbam *yo advertía* monēbas monēbat monēbāmus monēbātis monēbant	monērem *yo advirtiera, ad-* monēres *[vertiría, advirtiese* monēret monerēmus monerētis monērent
FUTURO IMPERFECTO	monēbo *yo advertiré* monēbis monēbit monēbĭmus monēbĭtis monēbunt	
PERFECTO	monui *yo advertí, he advertido,* monuisti *[hube advertido* monuit monuĭmus monuistis monuērunt, monuēre	monuĕrim *haya advertido* monuĕris monuĕrit monuerĭmus monuerĭtis monuĕrint
PRETÉRITO PLUSCUAMPERF.	monuĕram *había advertido* monuĕras monuĕrat monuerāmus monuerātis monuerant	monuissem *hubiera, habría,* monuisses *[hubiese adv.* monuisset monuissēmus monuissētis monuissent
FUTURO PERFECTO	monuĕro *habré advertido* monuĕris monuĕrit monuerĭmus monuerĭtis monuĕrint	

moneo, ēs, ēre, ui, itum, *advertir, amonestar.*

Imperativo	Infinitivo	Participio
monē *advierte tú (ahora)* monēte *advertid vos.*	monēre *advertir*	monens, entis *que advierte*
monēto *advierte tú (más tarde)* monēto monētōte monento	monitūrum, am, um esse *haber de advertir*	monitūrus, a, um *que ha de advertir*
	monuisse *haber advertido*	

Gerundio

Acus.	monendum	*a advertir*
Gen.	monendi	*de advertir*
Dat.	monendo	*para advertir*
Abl.	monendo	*advirtiendo*

Supino

1.°	monĭtum	*a advertir*
2.°	monĭtū	*de advertir*

151. TERCERA CONJUGACIÓN

	Indicativo	Subjuntivo
PRESENTE	rego *yo rijo* regis regit regĭmus regĭtis regunt	regam *yo rija* regas regat regāmus regātis regant
PRETÉRITO IMPERFECTO	regēbam *yo regía* regēbas regēbat regebāmus regebātis regēbant	regĕrem *yo rigiera, regiría,* regĕres *[rigiese* regĕret regerēmus regerētis regĕrent
FUTURO IMPERFECTO	regam *yo regiré* reges reget regēmus regētis regent	
PERFECTO	rexi *regí, he regido, hube regido* rexisti rexit rexĭmus rexistis rexērunt, rexēre	rexĕrim *yo haya regido* rexĕris rexĕrit rexerĭmus rexerĭtis rexĕrint
PRETÉRITO PLUSCUAMPERF.	rexĕram *yo había regido* rexĕras rexĕrat rexerāmus rexerātis rexĕrant	rexissem *yo hubiera, habría,* rexisses *[hubiese regido* rexisset rexissēmus rexissētis rexissent
FUTURO PERFECTO	rexĕro *yo habré regido* rexĕris rexĕrit rexerĭmus rexerĭtis rexĕrint	

1.er TIPO, rego, is, ĕre, xi, ctum, *regir*.

Imperativo	Infinitivo	Participio
rege *rige tú (ahora)* regĭte *regid vosotros*	regĕre *regir*	regens, entis *que rige*
regĭto *rige tú (más tarde)* regĭto *rija él* regunto *rijan ellos*	rectūrum, am, um esse *[haber de regir*	rectūrus, a, um *que ha de [regir*
	rexisse *haber regido*	

Gerundio

Ac.	regendum	*a regir*
Gen.	regendi	*de regir*
Dat.	regendo	*a, para regir*
Abl.	regendo	*rigiendo*

Supino

1.° rectum *a regir*
2.° rectu *de regir*

152. TERCERA CONJUGACIÓN

capio, is, ĕre, cēp

El 2.º tipo de la 3.ª conjugación recibe también el nombre de conjugación mixta por presentar una mezcla de formas de la 3.ª y 4.ª conjugaciones.

Se distingue del tipo rego por intercalar una -i en las formas siguientes:

1.º En la 1.ª pers. sing. y 3.ª pers. pl. del presente indicativo y en la 3.ª pers. pl. del imperativo futuro.

2.º En todas las personas del imperfecto de indicativo, futuro imperfecto y presente de subjuntivo.

	Indicativo	Subjuntivo
PRESENTE	**capio** *yo cojo* capis capit capīmus capītis **capiunt**	**capiam** *yo coja* **capias** **capiat** **capiāmus** **capiātis** **capiant**
PRETÉRITO IMPERFECTO	**capiēbam** *yo cogía* **capiēbas** **capiēbat** **capiebāmus** **capiebātis** **capiēbant**	capĕrem *yo cogiera, cogería,* [*cogiese* capĕres capĕret caperēmus caperētis capĕrent
FUTURO IMPERFECTO	**capiam** *yo cogeré* **capies** **capiet** **capiēmus** **capiētis** **capient**	

2.º TIPO (conjugación **mixta**),

captum, *coger*.

3.º En el participio de **presente y en** el gerundio.

Siguen **esta** conjugación **mixta**, **además** de **capio: cupio, is, ere, ivi, itum,** *desear;* **sapio, is, ere, ivi,** *tener juicio;* **rapio, is, ere, ui, ptum,** *arrebatar;* **conspicio, is, ere, spexi, spectum,** *ver;* **pario, is, ere, peperi, partum,** *dar a luz;* **facio, is, ere, feci, factum,** *hacer;* **iacio, is, ere, ieci, iactum,** *arrojar;* **fugio, is, ere, fugi,** *huir.*

Imperativo	**Infinitivo**	**Participio**
cape *coge tú (ahora)* **capĭte** *coged vosotros*	**capĕre** *coger*	**capiens, entis** *que coge*
capĭto *coge tú (más tarde)* capĭto	**capturum, am, um esse** *[haber de coger*	**captūrus, a, um** *que ha de [coger*
capitōte **capiunto**	**Gerundio** Acus. **capiendum** *a coger* Gen. **capiendi** *de coger* Dat. **capiendo** *a, para coger* Abl. **capiendo** *cogiendo*	

153. CUARTA CONJUGACIÓN.

	Indicativo	Subjuntivo
Presente	audio *yo oigo* audis audit audīmus audītis audiunt	audiam *yo oiga* audias audiat audiāmus audiātis audiant
Pretérito Imperfecto	audiēbam *yo oía* audiēbas audiēbat audiebāmus audiebātis audiēbant	audīrem *yo oyera, oiría, oyese* audīres audīret audirēmus audirētis audīrent
Futuro Imperfecto	audiam *yo oiré* audies audiet audiēmus audiētis audient	
Perfecto	audīvi *yo oí, he oído, hube [oído* audivisti audīvit audivĭmus audivistis audivērunt, audivēre	audivĕrim *yo haya oído* audivĕris audivĕrit audiverĭmus audiverĭtis audivĕrint
Pretérito Pluscuamperf.	audivĕram *yo había oído* audivĕras audivĕrat audiverāmus audiverātis audivĕrant	audivissem *yo hubiera, ha-* audivisses *[bría, hubiese oído* audivisset audivissēmus audivissētis audivissent
Futuro Perfecto	audivĕro *yo habré oído* audivĕris audivĕrit audiverĭmus audiverĭtis audivĕrint	

udio, is, īre, īvi, ītum, *oír*.

Imperativo	Infinitivo	Participio
audī *oye tú (ahora)* **audīte** *oíd vosotros*	**audire** *oír*	**audiens, entis** *que oye*
audīto *oye tú (más tarde)* **audīto** **auditōte** **audiunto**	**auditūrum, am, um esse** *[haber de oír*	**auditūrus, a, um** *que ha [de oír*
	audivisse *haber oído*	

Gerundio

Acus. **audiendum** *a oír*
Gen. **audiendi** *de oír*
Dat. **audiendo** *a, para oír*
Abl. **audiendo** *oyendo*

Supino

1.° **auditum** *a oír*
2.° **auditu** *de oír*

154. FORMAS CONTRACTAS. — Los verbos que forman el perfecto en -vi tienen, en los tiempos derivados de este tema, formas contractas al lado de las llenas. La contracción consiste en perder la sílaba -vi- ante -s- y la -ve- ante -r-.

1.ª conjugación. Verbos en -avi.

PERFECTO INDICATIVO	PLUSCUAMPERF. IND.
amavisti o amasti	amaveram *o* amaram
amavistis *o* amastis	amaveras *o* amaras
amaverunt *o* amarunt	amaverat *o* amarat, etc.
FUTURO PERFECTO	PERFECTO SUBJUNTIVO
amavero *o* amaro	amaverim *o* amarim
amaveris *o* amaris, etc.	amaveris *o* amaris, etc.
PLUSCUAMPERF. SUBJ.	INFINITIVO PERFECTO
amavissem *o* amassem	amavisse *o* amasse.
amavisses *o* amasses, etc.	

2.ª conjugación. Verbos deleo, delevi, *destruir*, fleo, flevi, *llorar*, impleo, implevi y compleo, complevi, *llenar*, commoveo, commovi, *conmover*.

Ejemplos: **delesti** por delevisti, **fleram** por fleveram, **implerim**, por impleverim, **commossem** por commovissem, etc.

3.ª Conjugación. Verbos nosco, novi y cognosco, cognovi, *conocer*, consuesco, consuevi, *acostumbrar*.

Ejemplos: **norunt** por noverunt, **nosse** por novisse, **consueram** por consueveram, **consuesse** por consuevisse.

4.ª conjugación. Todos los verbos de perfecto en -ivi.

Ejemplos: **audisti** por audivisti; **audiram** por audiveram, etc.

155. IMPERATIVO DE facio, dico, duco. Los verbos facio, is, ere, feci, factum, *hacer*, dico, is, ere, dixi, dictum, *decir*, duco, is, ere, duxi, ductum, *conducir*, pierden la -e de la 2.ª pers. sing. del Imperativo:

fac, *haz*
dic, *dí*
duc, *conduce*

LA VOZ PASIVA

156. Concepto de Voz Pasiva. — En una oración transitiva la acción sale, por decirlo así, del sujeto para caer sobre el complemento directo. Si expresamos este proceso con la voz activa, nos ponemos en el punto de vista del sujeto y decimos lo que éste hace:

Usando la voz pasiva, adoptamos el punto de vista del complemento directo y decimos lo que a éste le hacen:

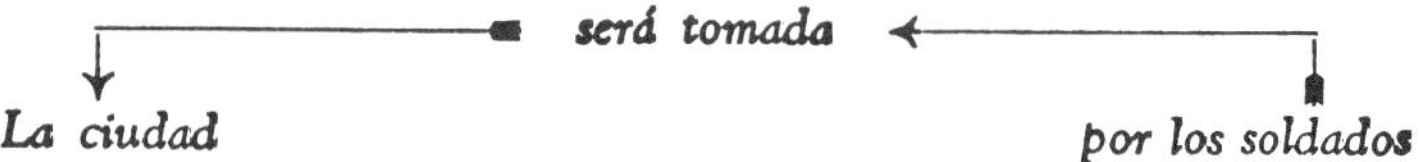

La voz pasiva sólo es posible, por tanto, con los verbos transitivos.

El sentido de estas dos oraciones es el mismo; no obstante, el uso de una u otra voz no es indiferente y depende de que nuestro interés se aplique al autor de la acción o al que la sufre. Así si queremos explicar quién era Bruto, diremos (en activa):

Bruto asesinó a César

Pero si estamos hablando de César y nos proponemos explicar su muerte, diremos en pasiva:

César fue asesinado por Bruto.

157. La Conjugación pasiva. — Los tiempos pasivos en castellano están todos compuestos con el verbo *ser* y el participio pasivo del verbo conjugado. El latín usa un procedimiento similar en los tiempos del tema de perfecto. Los del tema de presente son simples y se conjugan con desinencias especiales.

Desinencias personales pasivas. — Los tiempos del tema de presente tienen las desinencias siguientes:

	Singular	Plural
1.ª persona	-r	-mur
2.ª »	-ris, -re	-mĭni
3.ª »	-tur	-ntur

158. VOZ PASIVA. PRIMERA CONJUGACIÓN

	Indicativo	Subjuntivo
Presente	amor *yo soy amado* amāris, amāre amātur amāmur amamĭni amantur	amer *yo sea amado* amēris, amēre amētur amēmur amemĭni amentur
Pretérito Imperfecto	amābar *yo era amado* amabāris, amabāre amabātur amabāmur amabamĭni amabantur	amārer *yo fuera, sería, fuese* [*amado* amarēris, amarēre amarētur amarēmur amaremĭni amarentur
Futuro Imperfecto	amābor *yo seré amado* amabĕris, amabĕre amabĭtur amabĭmur amabimĭni amabuntur	
Perfecto	*yo fui, he sido amado* amatus, a, um sum *o* fui » » » es *o* fuisti » » » est *o* fuit amati, ae, a sumus *o* fuimus » » » estis *o* fuistis » » sunt, fuerunt, fuere	*yo haya sido amado* amatus, a, um sim *o* fuerim » » » sis *o* fueris » » » sit *o* fuerit amati, ae, a simus *o* fuerimus » » » sitis *o* fueritis » » » sint *o* fuerint
Pretérito Pluscuamperf.	*yo había sido amado* amatus, a, um eram *o* fueram » » » eras *o* fueras » » » erat *o* fuerat amati, ae, a eramus *o* fueramus » » » eratis *o* fueratis » » » erant *o* fuerant	*yo hubiera sido amado* amatus, a, um essem *o* fuissem » » » esses *o* fuisses » » » esset *o* fuisset amati, ae, a essemus *o* fuissemus » » » essetis *o* fuissetis » » » essent *o* fuissent
Futuro Perfecto	*yo habré sido amado* amatus, a, um ero *o* fuero » » » eris *o* fueris » » » erit *o* fuerit amati, ae, a erimus *o* fuerimus » » » eritis *o* fueritis » » » erunt *o* fuerint	

ămor, ăris, ări, ātus sum *ser amado*

Imperativo	Infinitivo	Participio
amāre *sé amado* **amamĭni** *sed amados*	**amāri** *ser amado*	
amātor *sé amado* **amantor** *sean amados*	**amatum iri** o **amandum, am, um esse** *haber de ser amado*	
	amatum, am, um esse *haber sido amado*	**amātus, a, um** *amado*

Gerundivo

amandus, a, um *que ha de ser amado*

159. VOZ PASIVA. SEGUNDA CONJUGACIÓ

	Indicativo	Subjuntivo
Presente	moneor *yo soy advertido* monēris, monēre monētur monēmur monēmĭni monentur	monear *yo sea advertido* moneāris, moneāre moneātur moneāmur moneamĭni moneantur
Pretérito Imperfecto	monēbar *yo era advertido* monebāris, monebāre monebātur monebāmur monebamĭni monebantur	monērer *yo fuera, sería, fuese* [*advertido*] monerēris, monerēre monerētur monerēmur moneremĭni monerentur
Futuro Imperfecto	monēbor *yo seré advertido* monebĕris, monebĕre monebĭtur monebĭmur monebimĭni monebuntur	
Perfecto	*yo fui advertido* monĭtus, a, um sum *o* fui » es *o* fuisti » est *o* fuit monĭti, ae, a sumus *o* fuimus » estis *o* fuistis » sunt, fuerunt, fuere	*yo haya sido advertido* monĭtus, a, um sim *o* fuerim » sis *o* fueris » sit *o* fuerit monĭti, ae, a simus *o* fuerimus » sitis *o* fueritis » sint *o* fuerint
Pretérito Pluscuamperf.	*yo había sido advertido* monĭtus, a, um eram *o* fueram » eras *o* fueras » erat *o* fuerat monĭti, ae, a eramus *o* fueramus » eratis *o* fueratis » erant *o* fuerant	*yo habría, etc., sido advertido* monĭtus, a, um essem *o* fuissem » esses *o* fuisses » esset *o* fuisset monĭti, ae, a essemus *o* fuisse- [mus] » essetis *o* fuissetis » essent *o* fuissent
Futuro Perfecto	*yo habré sido advertido* monĭtus, a um ero *o* fuero » eris *o* fueris » erit *o* fuerit monĭti, ae, a, erimus *o* fuerimus » eritis *o* fueritis » erunt *o* fuerint	

moneor, ēris, ēri, itus sum, *ser advertido*

Imperativo	Infinitivo	Participio
monēre *sé advertido* monemĭni *sed advertidos*	monēri *ser advertido*	
monētor *sea advertido* monentor *sean advertidos*	monĭtum iri o monendum, am, um esse *haber de ser advertido*	
	monĭtum, am, um esse *haber sido advertido*	monĭtus, a, um *advertido*

Gerundivo

monendus, a, um, *que ha de ser advertido*

160. VOZ PASIVA. TERCERA CONJUGACIÓN. 1.er TIPO

	Indicativo	Subjuntivo
PRESENTE	regor *yo soy regido* regĕris, regĕre regĭtur regĭmur regimĭni reguntur	regar *yo sea regido* regāris, regāre regātur regāmur regamĭni regantur
PRETÉRITO IMPERFECTO	regēbar *yo era regido* regebāris, regebāre regebātur regebāmur regebamĭni regebantur	regĕrer *yo fuera, sería o fuese* [*regido* regerēris, regerēre regerētur regerēmur regeremĭni regerentur
FUTURO IMPERFECTO	regar *yo seré regido* regēris, regēre regētur regēmur regemĭni regentur	
PERFECTO	*yo fui, he sido o hube sido regido* rectus, a, um sum *o* fui » es *o* fuisti » est *o* fuit recti, ae, a sumus *o* fuimus » estis *o* fuistis » sunt *o* fuerunt, fuere	*yo haya sido regido* rectus, a, um sim *o* fuerim » sis *o* fueris » sit *o* fuerit recti, ae, a simus *o* fuerimus » sitis *o* fueritis » sint *o* fuerint
PRETÉRITO PLUSCUAMPERF.	*yo había sido regido* rectus, a, um eram *o* fueram » eras *o* fueras » erat *o* fuerat recti, ae, a eramus *o* fueramus » eratis *o* fueratis » erant *o* fuerant	*yo hubiera sido regido* rectus, a, um essem *o* fuissem » esses *o* fuisses » esset *o* fuisset recti, ae, a essemus *o* fuissemus » essetis *o* fuissetis » essent *o* fuissent
FUTURO PERFECTO	*yo habré sido regido* rectus, a, um ero *o* fuero » eris *o* fueris » erit *o* fuerit recti, ae, a erimus *o* fuerimus » eritis *o* fueritis » erunt *o* fuerint	

egor, ĕris, regi, rectus sum, *ser regido*

Imperativo	Infinitivo	Participio
regĕre *sé regido* regimĭni *sed regidos*	regi *ser regido*	
regĭtor *sea regido* reguntor *sean regidos*	rectum iri o regendum, am, um esse *haber de ser regido*	
	rectum, am, um esse *haber sido regido*	rectus, a, um *regido*

Gerundivo

regendus, a, um *que ha de ser regido*

161. VOZ PASIVA. TERCERA CONJUGACIÓN

capior, ĕris, cap

	Indicativo	Subjuntivo
Presente	**capior** *yo soy cogido* capĕris, capĕre capĭtur capĭmur capimĭni **capiuntur**	**capiar** *yo sea cogido* **capiāris, capiāre** **capiātur** **capiāmur** **capiamĭni** **capiantur**
Pretérito Imperfecto	**capiēbar** *yo era cogido* **capiebāris, capiebāre** **capiebātur** **capiebāmur** **capiebamĭni** **capiebantur**	capĕrer *yo fuera, sería, fuese [cogido* caperēris, caperēre caperētur caperēmur caperemĭni caperentur
Futuro Imperfecto	**capiar** *yo seré cogido* **capiēris, capiēre** **capiētur** **capiēmur** **capiemĭni** **capientur**	

.ª TIPO (CONJUGACIÓN MIXTA)

aptus sum, *ser cogido.*

Imperativo	Infinitivo	Participio
capĕre *sé tú cogido* capimĭni *sed cogidos*	capi *ser cogido*	
capĭtor *sé tú cogido* **capiuntor**	**captum iri o capiendum, am, um esse** *haber de ser cogido*	**Gerundivo** **capiendus, a, um** *que ha de ser cogido*

162. VOZ PASIVA. CUARTA CONJUGACIÓN

	Indicativo	Subjuntivo
PRESENTE	**audior** *yo soy oído* **audīris, audīre** **audītur** **audīmur** **audimĭni** **audiuntur**	**audiār** *yo sea oído* **audiāris, audiāre** **audiātur** **audiāmur** **audiamĭni** **audiantur**
PRETÉRITO IMPERFECTO	**audiēbar** *yo era oído* **audiebāris, audiebāre** **audiebātur** **audiebāmur** **audiebamĭni** **audiebantur**	**audīrer** *yo fuera, sería o fuese oído* **audirēris, audirre** **audirētur** **audirēmur** **audiremĭni** **audirentur**
FUTURO IMPERFECTO	**audiar** *yo seré oído* **audiēris, audiēre** **audiētur** **audiēmur** **audiemĭni** **audientur**	
PERFECTO	*yo fui, he sido, hube sido oído* audītus, a, um sum *o* fui » es *o* fuisti » est *o* fuit audīti, ae, a sumus *o* fuimus » estis *o* fuistis » sunt *o* fuerunt, fuere	*yo haya sido oído* audītus, a, um sim *o* fuerim » sis *o* fueris » sit *o* fuerit audīti, ae, a simus *o* fuerimus » sitis *o* fueritis » sint *o* fuerint
PRETÉRITO PLUSCUAMPERF.	*yo había sido oído* audītus, a, um eram *o* fueram » eras *o* fueras » erat *o* fuerat auditi, ae, a eramus *o* fueramus » eratis *o* fueratis » erant *o* fuerant	*yo hubiera sido oído* audītus, a, um essem *o* fuissem » esses *o* fuisses » esset *o* fuisset audīti, ae, a essemus *o* fuissemu » essetis *o* fuissetis » essent *o* fuissent
FUTURO PERFECTO	*yo habré sido oído* audītus, a, um ero *o* fuero » eris *o* fueris » erit *o* fuerit audīti, ae, a erimus *o* fuerimus » eritis *o* fueritis » erunt *o* fuerint	

udior, iris, iri, itus sum, *ser oído*

Imperativo	Infinitivo	Participio
audīre *sé oído* audimini *sed oídos*	audīri *ser oído*	
audītor *sé oído* audiuntor *sean oídos*	audītum iri o audiendum, am, um esse *haber de ser oído*	audītus, a, um *oído*
	audītum, am, um esse *haber sido oído*	

Gerundivo

audiendus, a, um *que ha de ser oído*

163. CONSTRUCCIÓN DE LA ORACIÓN PASIVA. — La oración pasiva consta de *sujeto paciente* en nominativo (correspondiendo al complemento directo de la oración activa), *verbo en pasiva* y *sujeto agente en ablativo* (correspondiendo al sujeto de la oración activa). Cuando el sujeto agente es un nombre de persona, lleva la preposición **a** (delante de consonante) o **ab** (delante de vocal):

SUJETO PACIENTE	VERBO	SUJETO AGENTE
Hostes	**fugantur**	**a militibus**
Los enemigos	*son ahuyentados*	*por los soldados*
Equus	**vulneratus est**	**hastā**
El caballo	*fue herido*	*por una lanza*

164. INVERSIÓN DE ORACIONES. — Una oración *transitiva activa* puede volverse en *pasiva* poniendo el complemento directo en nominativo (sujeto paciente), el verbo en pasiva concertando con él, y el sujeto en ablativo (sujeto agente):

	SUJETO (en Nominativo)	VERBO TRANSITIVO (voz activa)	COMPLEMENTO DIRECTO (en Acusativo)
Activa	**Homines**	**amant**	**Deum**
	Los hombres	*aman*	*a Dios*
	SUJETO PACIENTE (en Nominativo)	VERBO (voz pasiva)	SUJETO AGENTE (en Ablativo)
Pasiva	**Deus**	**amatur**	**ab hominibus**
	Dios	*es amado*	*por los hombres*

165. EL IMPERSONAL. — La tercera persona singular de todos los tiempos pasivos puede usarse, sin sujeto, para expresar la acción del verbo impersonalmente:

se dice: **dicitur**
se luchaba: **pugnabatur**

En los tiempos compuestos el participio toma la forma neutra:

pugnatum est: *se luchó*

Los verbos intransitivos tienen también estas formas pasivas con valor impersonal:

curritur: *se corre*
tibi nocetur: *se te perjudica.*

VOZ DEPONENTE

166. CONCEPTO DE LA VOZ DEPONENTE. — Pertenecen a la voz deponente una serie de verbos que tienen forma pasiva y significación activa.

Ejemplos: **imitor**, *yo imito* (transitivo).
nascor, *yo nazco* (intransitivo).

167. EL PARTICIPIO PASADO. — El participio pasado de los verbos deponentes es de significado activo; es, pues, la única clase de verbos latinos que posee normalmente un participio pasado activo.

Ejemplos: **imitatus**, *que ha imitado, habiendo imitado.*
secutus, *que ha seguido, habiendo seguido.*

168. FORMAS ACTIVAS. — Los verbos deponentes poseen, además de las formas pasivas, las formas activas siguientes:
Participio de presente, participio de futuro, gerundio y supino.

169. EL GERUNDIVO. — Los verbos deponentes transitivos poseen un gerundivo en **-ndus** que, por excepción, conserva su sentido pasivo.

Ejemplo: **Imitandus:** *que debe ser imitado.*

170. OBSERVACIONES SOBRE LOS VERBOS DEPONENTES. — 1.ª Los verbos pasivos castellanos que corresponden a deponentes latinos no pueden traducirse literalmente, ya que en latín no existe pasiva que les corresponda. En este caso hay que volver la oración en activa.

Ejemplo: *Eres seguido por todos:* **Omnes te sequuntur**, *Todos te siguen.*

2.ª El participio pasado de algunos verbos deponentes puede tener sentido pasivo.

Ejemplos: **partitus**, *dividido o que ha dividido.*
meditatus, *meditado o que ha meditado.*
depopulatus, *devastado o que ha devastado.*

3.ª El caso contrario al anterior se da en algunos verbos que no son deponentes y cuyo participio pasado tiene, sin embargo, sentido activo. Tales son:

cenare, *cenar*	**cenatus**, *que ha cenado.*
coniurare, *conjurar*	**coniuratus**, *que ha conjurado.*
iurare, *jurar*	**iuratus**, *que ha jurado.*
potare, *beber*	**potus**, *que ha bebido.*
prandere, *desayunar*	**pransus**, *que ha desayunado.*

171. VERBOS SEMI-DEPONENTES. — Reciben el nombre de semi-deponentes un cierto número de verbos que presentan en su conjugación una mezcla de formas activas y formas deponentes. Tales son:

1.º Los cuatro verbos siguientes, que conjugan según la voz deponente todos los tiempos del tema de perfecto:

audeo, es, ēre, ausus sum, *atreverse.*
gaudeo, es, ēre, gavisus sum, *alegrarse.*
soleo, es ēre, solitus sum, *soler.*
fido, is, ĕre, fisus sum, *fiarse.*

2.ª El verbo **revertor, eris, i**, *regresar*, tiene un perfecto activo **reverti** sobre el cual conjuga los tiempos derivados de este tema.

172. CONJUGACIÓN DEPONENTE

	Indicativo	Subjuntivo
Presente	*yo admiro* miror mirāris, mirāre mirātur, etc.	*yo admire* mirer mirēris, mirēre mirē·ur, etc.
Pretérito Imperfecto	*yo admiraba* mirābar mirabāris, mirabāre mirabātur, etc.	*yo admirara, admiraría, admirase* mirārer mirarēris, mirarēre mirarētur, etc.
Futuro Imperfecto	*yo admiraré* mirābor miraběris, miraběre mirabĭtur, etc.	
Perfecto	*yo admiré, he admirado, hube admirado* mirātus, a, um sum *o* fui etc.	*yo haya admirado* mirātus, a, um sim *o* fuerim, etc.
Pretérito Pluscuamperf.	*yo había admirado* mirātus, a, um eram *o* fueram, etc.	*yo hubiera, habría, hubiese admirado* mirātus, a, um essem *o* fuissem
Futuro Perfecto	*yo habré admirado* mirātus, a, um ero *o* fuero etc.	

miror, āris, āri, ātus sum *admirar*

Imperativo	Infinitivo	Participio
admira tú mirāre miramĭni	*admirar* **mirāri**	*que admira* **mirans, antis**
admira tú mirātor mirātor mirantor	*haber de admirar* **miratūrum, am, um esse**	*que ha de admirar* **miratūrus, a, um**
	haber admirado **mirātum, am, um esse**	*que ha admirado* **mirātus, a, um**

Gerundio

AC.	mirandum	*a admirar*
GEN.	mirandi	*de admirar*
DAT.	mirando	*para admirar*
ABL.	mirando	*admirando*

Supino

1.°	mirātum	*a admirar*
2.°	mirātu	*de admirar*

Gerundivo

mirandus, a, um *que ha de ser admirado*

173. VERBOS IRREGULARES. — 1.º **Sum y sus compuestos:**

a) Para la conjugación de **sum** véase § 148.

b) **Possum, potes, posse, potui,** *poder.*

Possum en los tiempos del tema de presente es compuesto de **sum** y de un radical **pot-** expresando idea de *poder*. Su irregularidad consiste en que la **-t** de este radical se convierte en **-s** ante las formas de **sum** que empiezan por esta consonante; además el infinitivo de presente y el pretérito imperf. de subj. son contractos: **posse, possem.**

El perfecto es **potui,** y sobre él se conjugan los tiempos derivados de este tema.

	Indicativo	Subjuntivo	Infinitivo
PRESENTE	**possum** *yo puedo* potes potest **possŭmus** potestis **possunt**	**possim** *yo pueda* **possis** **possit** **possīmus** **possītis** **possint**	**posse** *poder*
PRETÉRITO IMPERFECTO	potĕram *yo podía* potĕras potĕrat poterāmus poterātis potĕrant	**possem** *yo pudiera,* **posses** *[podría,* **posset** *[pudiese* **possēmus** **possētis** **possent**	
FUTURO IMPERFECTO	potĕro *yo podré* potĕris potĕrit poterīmus poterītis potĕrunt		

OBSERVACIONES: 1.ª Este verbo carece de imperativo y de infinitivo futuro.

2.ª El participio de presente **potens, entis** sólo se usa como adjetivo, *potente.*

174. *c)* **Prosum, prodes, prodesse, profui,** *aprovechar.*
Es un compuesto de sum y el sufijo **prod-**, que pierde la **-d** ante **s**.

	Indicativo	Subjuntivo	Infinitivo
PRESENTE	**prosum** *yo aprovecho* prodes prodest **prosŭmus** prodestis **prosunt**	**prosim** *yo aproveche* **prosis** **prosit** **prosīmus** **prosītis** **prosint**	prodesse *aprovechar*
PRETÉRITO IMPERFECTO	proděram *yo aprovechaba* proděras proděrat proderāmus proderātis proděrant	prodessem *yo aprovechara, aprovecharía, aprovechase* prodesses prodesset prodessēmus prodessētis prodessent	
FUTURO IMPERFECTO	proděro *yo aprovecharé* proděris proděrit proderīmus proderītis proděrunt		

Los tiempos derivados del tema de perfecto se conjugan regularmente sobre **profui.**

INDICATIVO. Perfecto: **profui, profuisti,** etc.
Pret. Pluscuamperfecto: **profueram, profueras,** etc.
Futuro Perfecto: **profuero, profueris,** etc.

SUBJUNTIVO. Perfecto: **profuerim, profueris,** etc.
Pret. Pluscuamperfecto: **profuissem, profuisses,** etc.

INFINITIVO. Perfecto: **profuisse.**

175. 2.º Verbos de voluntad. **Volo y sus compuestos**

	Indicativo			Subjuntivo		
PRESENTE	volo	nolo	malo	**velim**	**nolim**	**malim**
	vis	**non vis**	**mavis**	**velis**	**nolis**	**malis**
	vult	**non vult**	**mavult**	**velit**	**nolit**	**malit**
	volŭmus	nolŭmus	malŭmus	**velīmus**	**nolīmus**	**malīmus**
	vultis	**non vultis**	**mavultis**	**velītis**	**nolītis**	**malītis**
	volunt	nolunt	malunt	**velint**	**nolint**	**malint**
PRETÉRITO IMPERFECTO	volēbam	nolēbam	malēbam	**vellem**	**nollem**	**mallem**
	volēbas	nolēbas	malēbas	**velles**	**nolles**	**malles**
	volēbat	nolēbat	malēbat	**vellet**	**nollet**	**mallet**
	volebāmus	nolebāmus	malebāmus	**vellēmus**	**nollēmus**	**mallēmus**
	volebātis	nolebātis	malebātis	**vellētis**	**nollētis**	**mallētis**
	volēbant	nolēbant	malēbant	**vellent**	**nollent**	**mallent**
FUTURO IMPERFECTO	volam	nolam	malam			
	voles	noles	males			
	volet	nolet	malet			
	volēmus	nolēmus	malēmus			
	volētis	nolētis	malētis			
	volent	nolent	malent			

176. Observaciones. 1.ª **Nolo** es un compuesto de **ne** (no) y **volo**; **malo** es una contracción de **magis volo**, *quiero más.*

2.ª Volo y nolo tienen un partic. de presente, **volens, nolens**, usados sobre todo como adjetivos.

3.ª En la lengua arcaica se encuentra volt por **vult**, voltis por **vultis**, y asimismo los compuestos **mavolt, mavoltis.**

volo, vis, velle, volui, *querer*
nolo, non vis, nolle, nolui, *no querer*
malo, mavis, malle, malui, *preferir*

Imperativo	Infinitivo	Participio
— noli — — nolite —	velle nolle malle	
— nolito — — nolito — — nolitōte — — nolunto —		

En la lengua familiar se encuentra **sis** por **si vis**, **sultis** por **si vultis**.

4.º El imperativo de **nolo, noli, nolite**, acompañado de un verbo en infinitivo sirve para formar el imperativo negativo de este verbo:

Noli me tangere, *no me toques.*
Nolite me accusare: *no me acuséis.*

177. VOZ ACTIVA

Es un verbo de la 3.ª conjugación que presenta formas completamente distintas en los tres temas:

fer- para las formas del tema de presente
tul- para las formas del tema de perfecto

	Indicativo	Subjuntivo
PRESENTE	fero *yo llevo* fers fert ferĭmus fertis ferunt	feram *yo lleve* feras ferat ferāmus ferātis ferant
PRETÉRITO IMPERFECTO	ferēbam *yo llevaba* ferēbas ferēbat ferebāmus ferebātis ferēbant	ferrem *yo llevara, llevaría,* [*llevase* ferres ferret ferrēmus ferrētis ferrent
FUTURO IMPERFECTO	feram *yo llevaré* feres feret ferēmus ferētis ferent	

Fero, fers, ferre, tuli, latum, *llevar*

lat- para las formas del tema de supino.

Además, en algunas formas del tema de presente pierde la vocal de enlace entre radical y desinencia.

Imperativo	Infinitivo	Participio
fer *lleva tú* ferte	**ferre** *llevar*	ferens, entis *que lleva*
	laturum, am, um esse *haber de llevar*	**latūrus, a, um** *que ha de llevar*

	Indicativo	Subjuntivo
PRESENTE	feror *yo soy llevado* ferris fertur ferĭmur ferimĭni feruntur	ferar *yo sea llevado* ferāris, ferāre ferātur ferāmur feramĭni ferantur
PRETÉRITO IMPERFECTO	ferēbar *yo era llevado* ferebāris, ferebāre ferebātur ferebāmur ferebamĭni ferebantur	ferrer *yo fuera, sería, fuese* ferrēris, ferrēre *[llevado* ferrētur ferrēmur ferremĭni ferrentur
FUTURO IMPERFECTO	ferar *yo seré llevado* ferēris, ferēre ferētur ferēmur feremĭni ferentur	

178. COMPUESTOS DE **fero.** — Como **fero** se conjugan sus compuestos:

affero, attuli, allatum, *aportar*
aufero, abstuli, ablatum, *quitar*
confero, contuli, collatum, *comparar*
defero, detuli, delatum, *echar abajo, denunciar*

PASIVA

Imperativo	Infinitivo	Participio
ferre *sé tú llevado* **ferimĭni**	**ferri** *ser llevado*	
fertor *sé tú llevado* **fertor** **feruntor**	**latum iri o ferendum, am, um esse** *haber de ser llevado*	

differo, distuli, dilatum, *diferir*
offero, obtuli, oblatum, *ofrecer, presentar*
perfero, pertuli, perlatum, *soportar*
profero, protuli, prolatum, *llevar adelante, proferir*
refero, rettuli, relatum, *relatar*
transfero, transtuli, translatum, *trasladar.*

179. Eo, is, ire

	Indicativo	Subjuntivo
PRESENTE	**eo** *yo voy* **is** **it** imus itis **eunt**	**eam** *yo vaya* **eas** **eat** **eāmus** **eātis** **eant**
PRETÉRITO IMPERFECTO	ibam *yo iba* ibas ibat ibāmus ibātis ibant	irem *yo fuera, iría, fuese* **ires** **iret** **irēmus** **irētis** **irent**
FUTURO IMPERFECTO	**ibo** *yo iré* **ibis** **ibit** **ibĭmus** **ibĭtis** **ibunt**	

180. COMPUESTOS DE **eo.** — Como **eo** se conjugan sus compuestos, los cuales generalmente contraen en el perfecto **-ivi** en **-ii.**

abeo, abivi o **abii, abitum,** *irse*
adeo, adivi o **adii, aditum,** *ir hacia, acercarse*
circumeo, circumivi, o **circumii, circumitum,** *ir alrededor,*

vi o ii, itum, *ir*.

Imperativo	Infinitivo	Participio
ī *ve tú* ite	ire *ir*	iens, euntis *que va*
ito *ve tú* ito itōte eunto	itūrum, am, um esse *haber de ir*	itūrus, a, um *que ha de ir*

exeo, exivi o exii, exitum, *salir*
obeo, obivi o obii, obitum, *morir*
pereo, perivi o perii, peritum, *perecer*
praetereo, praeterivi o praeterii, praeteritum, *pasar de largo*
transeo, transivi o transii, transitum, *atravesar*.

181. Fio, fis, fieri,

	Indicativo	Subjuntivo
PRESENTE	fio *yo soy hecho* fis fit fimus fitis fiunt	fiam *yo sea hecho* fias fiat fiāmus fiātis fiant
PRETÉRITO IMPERFECTO	fiēbam *yo era hecho* fiēbas fiēbat fiebāmus fiebātis fiēbant	fiĕrem *yo fuera, sería, [fuese hecho* fiĕres fiĕret fierēmus fierētis fiĕrent
FUTURO IMPERFECTO	fiam *yo seré hecho* fies fiet fiēmus fiētis fient	

Por su forma este verbo tiene activos los tiempos del tema de presente, y pasivos los del tema de perfecto.

Por su sentido este verbo hace las veces de pasiva del verbo **facio, is, ere, feci, factum,** *hacer.*

También significa *hacerse,* y como verbo impersonal tiene el sentido de *suceder, acontecer.*

actus sum, *ser hecho*.

Imperativo	Infinitivo	Participio
(carece)	fĭĕri *ser hecho*	
	factum iri o faciendum, am, um esse *haber de ser hecho*	

182. Observaciones. — 1.ª Los tiempos del tema de perfecto se conjugan regularmente sobre el participio **factus, a, um.**

2.ª En el sentido de *suceder* el infinitivo futuro es **fore** o **futurum, am, um esse.**

183. 3.ª **Edo, edis, edere** o **esse, edi, esum,** *comer.*

Sigue regularmente la 3.ª declinación, pero en algunos tiempos del tema de presente ofrece formas contractas al lado de las completas.

INDICATIVO		SUBJUNTIVO	
Presente		*Pretérito Imperfecto*	
edo *yo como*	edimus	ederem o essem, *comería*	ederemus o essemus
edis o **es**	editis o **estis**	ederes o esses	ederetis o essetis
edit o est	edunt	ederet o **esset**	ederent o **essent**

IMPERATIVO		INFINITIVO
Presente	*Futuro*	*Presente*
ede o **es** *come*	edito o **esto**	edere o **esse,** *comer*
	edito	
edite o **este**	editote o **estote**	
	edunto	

VERBOS DEFECTIVOS

184. Son aquellos verbos que no se usan más que en algunas formas o tiempos.

185. *a*) Verbos sólo usados en el tema de perfecto: **coepi,** *yo empecé;* **memini,** *me acuerdo;* **odi,** *yo odio.*

Memini y odi son perfectos por su forma, pero su sentido es de presente.

Coepi tiene forma y sentido de perfecto; en los tiempos del tema de presente es reemplazado por incipio.

Los perfectos novi y **consuevi,** *yo conocí* y *yo me acostumbré,* indicando el resultado de una acción terminada, tienen también valor de presente, respectivamente, *yo sé* y *tengo por costumbre.* Sus presentes son **nosco** y **consuesco,** con valor incoativo, es decir que indican el comienzo de la acción.

186. **Inquam** y **aio,** *digo.* — Estos verbos sólo se usan en las formas siguientes:

INDICATIVO

Presente				*Pretérito Imperfecto*			
inquam	—	aio	—	—	—	aiebam	aiebamus
inquis	—	ais	—	—	—	aiebas	aiebatis
inquit	inquiunt	ait	aiunt	inquiebat	—	aiebat	aiebant

Futuro Imperfecto	*Perfecto*	
—	—	—
inquies	inquisti	—
inquiet	inquit	aït

OBSERVACIÓN. — Inquam se usa siempre en forma de inciso, repitiendo las palabras dichas por alguien, y se coloca después de la primera o primeras palabras de la frase:

Tunc lupus «Cur, i n q u i t , turbulentam mihi fecisti aquam?»:
Entonces el lobo dijo: «¿Por qué me enturbiaste el agua?»

187. Fari, *decir, hablar.*

Se usa en poesía en las formas siguientes:

Indicativo				Imperativo	Infinitivo
Presente	*Futuro*	*Perfecto*			*Presente*
fatur *dice*	fabitur *dirá*	fatus sum fatus es fatus est, etc.	*dije*	fare *di*	fari *decir*

Gerundio			Participio		Supino
			Presente	*Pasado*	
Gen.	fandi	*de decir*			
Dat.	fando	*para decir*	fans, fantis	fatus, a, um	fatu
Abl.	fando	*diciendo*	*diciendo*	*habiendo dicho*	*de decir*

188. Queo, quis, quivi, *poder;* **nequeo, nequis, nequivi,** *no poder.* Estos verbos se conjugan como **eo, is, ire** (véase § 179), pero sólo se usan en algunas formas. Las más usadas son: de **queo:** Ind. pres. **queo;** fut. **quibo;** Sub. pres. **queam;** Inf. **quire.** De **nequeo:** Indic. pres. **nequeo** (o **non queo**), **nequis, nequit, nequimus, nequitis, nequeunt;** fut. **nequibo;** Subj. pres. **nequeam,** etc.; Part. pres. **nequiens, nequeuntis;** Inf. **nequire.**

189. Quaeso, *ruego.* — Las dos formas **quaeso,** *te ruego,* **quaesumus,** *te rogamos,* se usan en forma de incisos.

Ejemplo: **Ubinam est, q u a e s o , pater tuus?** *¿Dónde está, por favor, tu padre?*

190. Cedo, *dame, dime;* **cette,** *dadme, decidme.* — Son dos antiguos imperativos de **do, das, dare,** más la partícula **ce.**

Ejemplos: **Cedo librum,** *dame el libro.*

Cedo igitur, quid faciam? *Dime pues, ¿qué debo hacer?*

191. Ave, salve, *salud.* — Son dos imperativos usados como fórmula de saludo. En plural, **avete, salvete.** Se encuentra también **have.**

192. Verbos impersonales. — Reciben este nombre los verbos que no pueden recibir sujeto personal y sólo se usan en la 3.ª persona sing. y en el infinitivo. Son los siguientes:

a) Verbos designando fenómenos atmosféricos:

fulget, *relampaguea*
fulminat, *caen rayos*
pluit, *llueve*
tonat, *truena*
gelat, *hiela*
grandinat, *graniza*
ningit, *nieva*
lucescit, *amanece*
advesperascit, *anochece* y otros.

b) Algunos verbos significando *es necesario, es útil, está permitido:*

oportet, *conviene*
libet, *agrada*
refert, *importa*
licet, *está permitido*
decet, *es decoroso*
dedecet, *no es decoroso.*

c) Los cinco verbos siguientes:

me miseret, *me compadezco* (me da compasión)
me paenitet, *me arrepiento* (me sabe mal)
me taedet, *me hastía* (me causa tedio)
me piget, *me apesadumbra* (me da pena)
me pudet, *me avergüenza* (me da vergüenza)

Estos verbos, llamados afectivos, se construyen poniendo en acusativo la persona que siente el afecto mientras la causa que lo produce se pone en genitivo:

Ejemplos: **Paenitet me meae culpae,** *me arrepiento de mi culpa.*
Me taedet vitae, *siento tedio de la vida.*

La conjugación perifrástica

193. Uniendo el *paticipio futuro activo* (en **-urus**) de un verbo con las distintas formas del verbo **sum,** se obtiene una conjugación llamada *perifrástica activa,* por la que se expresa que el sujeto ha de realizar o tiene la intención de realizar una acción.

Ejemplos: **Dicturus sum,** *pienso decir.*
Venturi erant, *habían de venir.*

Uniendo el *Gerundivo* con las distintas formas del verbo **sum,** se forma la *Conjugación perifrástica pasiva,* expresando la necesidad o el deber de que una acción sea realizada por el sujeto. Cuando este sujeto es una persona, se pone en Dativo, en lugar del Ablativo agente usado en la pasiva normal.

Ejemplos: **M i h i amanda est patria:** *debo amar a la patria (la patria debe ser amada por mí).*

Iuvenum inscitia senum p r u d e n t i a regenda est: *la inexperiencia de los jóvenes ha de ser gobernada por la prudencia de los ancianos.*

194. Conjugación perifrástica activa de **amo.**

INDICATIVO

Presente

amaturus, a, um	sum	*yo he de amar*	amaturi, ae, a	sumus
»	es		»	estis
»	est		»	sunt

Pretérito Imperfecto

amaturus, a, um	eram	*yo había de*	amaturi, ae, a	eramus
»	eras	*amar*	»	eratis
»	erat		»	erant

Futuro Imperfecto

amaturus, a, um	ero	*yo habré de amar*
»	eris, etc.	

Pretérito Perfecto

amaturus, a, um,	fui	*yo hube de amar*
»	fuisti etc.	

Pretérito Pluscuamperfecto

amaturus, a, um fueram — *yo había habido de amar*
» fueras, etc.

Futuro Perfecto

amaturus, a, um fuero — *yo habré habido de amar*
» fueris, etc.

SUBJUNTIVO

Presente

amaturus, a, um sim — *yo haya de amar*
» sis, etc.

Pretérito Imperfecto

amaturus, a, um essem — *yo hubiera de amar*
» esses, etc.

Pretérito Perfecto

amaturus, a, um fuerim — *yo haya habido de amar*
» fueris, etc.

Pretérito Pluscuamperfecto

amaturus, a, um fuissem — *yo hubiera habido de amar*
» fuisses, etc.

INFINITIVO

Presente

amaturum, am, um esse *haber de amar*

Perfecto

amaturum, am, um fuisse *haber habido de amar*

195. CONJUGACIÓN PERIFRÁSTICA PASIVA.

INDICATIVO

Presente

amandus, a, um sum — *yo he de ser amado (soy digno de ser amado)*
» es, etc.

Pretérito Imperfecto

amandus, a, um eram — *yo había de ser amado*
» eras, etc.

Futuro Imperfecto

amandus, a, um ero — *yo habré de ser amado*
» eris, etc.

Pretérito Perfecto

amandus, a, um fui *yo hube de ser amado*
» fuisti, etc.

Pretérito Pluscuamperfecto

amandus, a, um fueram *yo había habido de ser amado*
» fueras, etc.

Futuro Perfecto

amandus, a, um fuero *yo habré habido de ser amado*
» fueris, etc.

SUBJUNTIVO

Presente

amandus, a, um sim *yo haya de ser amado*
» sis, etc.

Pretérito Imperfecto

amandus, a, um essem *yo hubiera de ser amado*
» esses, etc.

Pretérito Perfecto

amandus, a, um fuerim *yo haya habido de ser amado*
» fueris, etc.

Pretérito Pluscuamperfecto

amandus, a, um fuissem *yo hubiera habido de ser amado*
» fuisses, etc.

INFINITIVO

Presente

amandum, am, um esse *haber de ser amado*

Perfecto

amandum, am, um fuisse *haber habido de ser amado*

196. EL IMPERSONAL DE OBLIGACIÓN. — La forma neutra del Gerundivo con la tercera persona del verbo **sum** expresa la idea de obligación de un modo impersonal, es decir, sin especificar la persona a quien incumbe la obligación.

Ejemplos: *Se debe amar:* **amandum est.**

No se debe dañar a nadie: **nemini nocendum est.**

EL ADVERBIO

197. CLASIFICACIÓN. — El adverbio es una palabra invariable que sirve para calificar un verbo, un adjetivo u otro adverbio.

Gran parte de los adverbios latinos deriva de adjetivos, y también de nombres, pronombres y verbos.

Se clasifican los adverbios en las clases siguientes:

1.º De manera.
2.º De lugar.
3.º De tiempo.
4.º De cantidad.
5.º De afirmación y negación.
6.º De interrogación.

198. 1.º ADVERBIOS DE MANERA — En castellano, de la mayoría de los adjetivos pueden derivarse adverbios terminados en -*mente:*

grande	*grandemente*
lento	*lentamente*
sabio	*sabiamente.*

En latín, de la mayoría de los adjetivos de tres terminaciones pueden derivarse adverbios de manera mediante la terminación -ē aplicada al tema del adjetivo:

timidus a, um, *tímido*	**timidē,** *tímidamente*
firmus, a, um, *firme*	**firmē,** *firmemente*
miser ,era, erum, *desgraciado*	**miserē,** *desgraciadamente*
pulcher, chra, chrum, *bello*	**pulchrē,** *bellamente.*

De los adjetivos de dos y de una terminaciones se derivan generalmente adverbios mediante la aplicación a su tema del sufijo **-ter:**

fortis, e, *valeroso*	**fortĭter,** *valerosamente*
prudens, entis, *prudente*	**prudenter,** *prudentemente*
acer, acris, acre, *agudo*	**acrĭter,** *agudamente*
simplex, icis, *simple*	**simplicĭter,** *simplemente.*

199. OTROS PROCEDIMIENTOS DE DERIVACIÓN. — Se usan como adverbios:

a) El acusativo neutro singular de ciertos adjetivos:

multum, *mucho*	**iterum,** *por segunda vez*
paulum, *poco*	**solum,** *solamente*
nimium, *pemasiado*	**tantum,** *únicamente*
parum, *demasiado poco*	**facile** (de **facilis),** *fácilmente*
demum, *finalmente*	**impune** (de **impunis),** *impunemente.*

b) El ablativo neutro singular en -ō:

crebrō, *frecuentemente*
rarō, *raramente*
falsō, *falsamente*
fortuitō, *fortuitamente*
serō, *demasiado tarde*
meritō, *con razón*
necessariō, *necesariamente*
gratuitō, *gratuitamente*

c) Formas en **-am**, acusativos de la 1.ª declinación:

perperam, *falsamente*
palam, *en público*

d) Formas en **-im**, acusativos sing. de temas en **-i** (3.ª decl.):

partim, *en parte*
paulatim, *paulatinamente*

e) Formas en **-ĭtus**, derivadas de nombres o adjetivos:

radicĭtus (radix), *de raíz*
antiquĭtus (antiquus), *de antiguo*
divinĭtus (divinus), *por gracia divina.*

200. Observaciones. — **1.ª** **Violentus** y **audax** derivan irregularmente sus adverbios: **audacter**, *audazmente* y **violenter**, *violentamente.*

2.ª El adverbio correspondiente a **bonus** es **bĕnĕ**, *bien.*

3.ª El adverbio correspondiente a **difficilis** es **difficulter**, pero es más usado **non facile.**

201. Grados de comparación de los adverbios de manera. — Como comparativo de los adverbios de manera se usa la forma neutra del Nominativo-Acusativo sing. (en **-ius**) del comparativo de los adjetivos correspondientes:

El superlativo se obtiene haciendo terminar en **-ē** el superlativo del adjetivo correspondiente:

Positivo	Comparativo
doctē (doctus), *sabiamente*	**doctius**, *más sabiamente*
pulchrē (pulcher), *bellamente*	**pulchrius**, *más bellamente*
acrĭter (acer), *intensamente*	**acrius**, *más intensamente*
fortĭter (fortis), *valerosamente*	**fortius**, *más valerosamente*

Superlativo

doctissimē, *muy sabiamente*
pulcherrimē, *muy bellamente*
acerrimē, *muy intensamente*
fortissimē, *muy valerosamente*

202. Grados de comparación irregulares. — Algunos adverbios forman irregularmente sus grados de comparación:

Positivo	Comparativo
benĕ, *bien*	**melius**, *mejor*
malĕ, *mal*	**peius**, *peor*
magnopĕrē, *en gran manera*	**magis**, *más*
multum, *mucho*	**plus**, *más*
paulum, *poco*	**minus**, *menos*

Superlativo

optimē, *muy bien*
pessimē, *muy mal*
maximē, *lo más posible*
plurimum, *muchísimo*
minimē, *lo menos posible*

203. Formación de los grados de comparación por medio de otros adverbios. — Los advebios derivados de los adjetivos que según el § 70 forman sus grados de comparación mediante los adverbios **magis** y **maxime**, forman por este mismo procedimiento sus comparativos y superlativos.

strenue (de **strenuus**), *valerosamente*, **magis strenue**, **maxime strenue**.

204. Otros adverbios de manera.

ita } *así*
sic }
item, *igualmente*
aliter, *de otro modo*

quoque }
et } *también*
etiam }
frustra, *en vano*

205. 2.° Adverbios de lugar. — Una relación de lugar forzosamente tendrá que pertenecer a una de estas cuatro categorías:

1.° El lugar *en donde* (se encuentra alguien o algo, o acontece una acción).
2.° El lugar *a donde* (va alguien o algo).
3.° El lugar *de donde* (viene alguien o algo).
4.° El lugar *por donde* (pasa alguien o algo).

Estas categorías corresponden a las cuatro preguntas siguientes:

ubi?, *¿en dónde?*
quo?, *¿a dónde?*
unde?, *¿de dónde?*
qua?, *¿por dónde?*

Si relacionamos estas preguntas con las ideas expresadas respectivamente por los pronombres: interrogativo, demostrativo, relativo o indefinido, obtendremos el siguiente cuadro de correlativos que indican lugar.

PRONOMBRES	UBI?	QUO?	UNDE?	QUA?
quis? *¿quién?*	ubi? *¿dónde?*	quō? *¿a dónde?*	unde? *¿de dónde?*	quā *¿por dónde?*
hic *éste*	hīc *aquí (donde estoy)*	hūc *aquí (hacia donde estoy)*	hinc *desde aquí, (de donde estoy)*	hāc *por aquí (por donde estoy)*
iste *ése*	istic *ahí (donde estás)*	istuc *ahí (hacia donde estás*	istinc *de ahí (de donde estás)*	istac *por ahí (por donde estás)*
ille *aquél*	illic *allí (donde está él)*	illuc *allí (hacia donde está él)*	illinc *de allí (de donde está él)*	illac *por allí (por donde está él)*
is *éste, aquél*	ibi *allí (donde dijimos)*	eō *hacia allí (donde dijimos)*	inde *de allí (de donde dijimos)*	eā *por allí (por donde dijimos)*
idem *el mismo*	ibīdem *allí mismo*	eōdem *hacia allí mismo*	indidem *de allí mismo*	eādem *por allí mismo*
qui *que*	ubi *donde*	quō *a donde*	unde *de donde*	quā *por donde*
quicumque *cualquiera que*	ubicumque *en cualquier parte donde*	quocumque *hacia cualquier parte donde*	undecumque *de cualquier parte donde*	quacumque *por cualquier parte donde*
aliquis *alguien*	alicubi *en algún sitio*	aliquō *hacia algún sitio*	alicunde *de algún sitio*	aliquā *por algún sitio*
alius *otro*	alibi *en otro sitio*	aliō *hacia otro sitio*	aliunde *de otro sitio*	aliā *por otro sitio*

206. Observación. — Existen además los siguientes adverbios de lugar:

usquam, *en algún lugar*	**undique**, *de todas partes*
nusquam, *en ningún lugar*	**dextra**, *por la derecha*
ubique, *por todas partes*	**laeva**, *por la izquierda*

207. 3.º Adverbios de tiempo. — Los principales adverbios de tiempo latinos, que contestan a la pregunta: **quando?** *¿cuándo?* o **quamdiu?** *¿por cuánto tiempo?*, son:

hodie, *hoy*	**deinde**, *después*
heri, *ayer*	**prius**, *primeramente*
cras, *mañana*	**postremo**, **demum**, **denique**, **tandem**, } *finalmente*
pridie, *el día antes*	**modo**, *recientemente*
postridie, *al día siguiente*	**nuper**, *poco ha*
nunc, *ahora*	**cotidie**, *cada día*
ante, **antea**, *anteriormente*	**diu**, *por largo tiempo*
postea, *después*	**interdum**, *de cuando en cuando*
simul, *al mismo tiempo*	**tum**, **tunc**, *entonces*
iam, *ya*	**etiam**, *todavía*
adhuc, *aún*	**alias**, *otra vez*
nondum, *todavía no*	**noctu**, *de noche*
olim, **quondam**, } *en otro tiempo*	**interdiu**, *durante el día*
aliquando, *una vez*	**mane**, *por la mañana*
unquam, *alguna vez*	**vespere**, *al atardecer*
numquam, *nunca*	**mox**, *pronto*
saepe, *a menudo*	**brevi**, *en breve*
semper, *siempre*	**rursus**, **rursum**, *de nuevo*.
protinus, *inmediatamente*	
interea, *mientras tanto*	

208. Observación. — De estos adverbios, **saepe** y **diu** tienen comparativo y superlativo:

saepius, *más a menudo*
saepissime, *muy a menudo*
diutius, *por más tiempo*
diutissime, *por mucho tiempo*

Nuper, tiene sólo superlativo:
nuperrime, *hace un instante*

209. 4.º Adverbios de grado. — Sirven para ponderar una cualidad o una acción:

tam, *tan* **quam**, *que, cuán*

Quam, puede tener también un valor exclamativo.

210. 5.º ADVERBIOS DE AFIRMACIÓN Y NEGACIÓN. — Los principales adverbios de afirmación son los siguientes:

ita, etiam, *sí*	**saltem,** *por lo menos*
vero, *verdaderamente*	**certo,** *seguramente*
sane, *ciertamente*	**scilicet,** *sin duda*
quidem, equidem, *en verdad*	**immo,** *antes bien*

211. OBSERVACIÓN. — En realidad el latín no posee ningún adverbio que corresponda exactamente al castellano *sí*. Para contestar afirmativamente se vale el latín de los adverbios mencionados o de un procedimiento que consiste en repetir el verbo de la oración interrogativa.

Ejemplo:
Credis esse Deum?, *¿Crees que hay un Dios?*
Credo, *Lo creo.*

212. Los principales adverbios de negación son los siguientes:

non, *no*	**non solum, non modo, non tandum,** *no sólo*
haud, *no*	**nusquam,** *en ninguna parte*
nequaquam, minime, *de ningún modo*	**nec, neque,** *y no*
ne... quidem, *ni*	

213. OBSERVACIONES. — **1.ª** Dos negaciones equivalen, en latín, a una afirmación. Non yendo en la frase después de **nemo** *(nadie)*, **nihil** *(nada)*, **numquam** *(nunca)* contrarresta totalmente el valor negativo de estas palabras.

FRASES NEGATIVAS: **Nemo hoc facit,** *nadie hace esto.*
Numquam id accidit, *nunca ocurre esto.*

FRASES AFIRMATIVAS: **N e m o hoc n o n facit,** *todos hacen esto*
(lit. *No hay nadie que no haga esto).*
N u m q u a m id n o n accidit, *siempre ocurre esto*
(lit. *No hay momento en que esto no ocurra).*

Así, **nemo... non** equivale a **omnes,** *todo el mundo.*
nihil... non equivale a **omnia,** *todas las cosas, todo.*
numquam... non equivale a **semper,** *siempre.*

2.ª Si la negación **non** precede a **nemo, nihil, numquam,** etc., ambas negaciones se contrarrestan en parte, y el resultado es afirmativo.

N o n n e m o hoc facit, *Alguien hace esto*
(lit. *No es verdad que nadie haga esto).*

N o n n u m q u a m id accidit, *A veces ocurre esto*
(lit. *No es verdad que nunca ocurra esto).*

Así, **non nemo** equivale a **aliqui,** *algunos*
non nihil equivale a **aliquid,** *algo*
non numquam equivale a **aliquando,** *a veces.*

Asimismo **non nulli** (o **nunnulli**) significa *algunos.*

3.ª *Y no* se traduce por **neque** o **nec:**

Huyeron y no trabaron combate con los enemigos: **Fugerunt n e q u e cum hostibus congressi sunt.**

4.º *Ni... ni* se traduce por **neque... neque** o **nec... nec:**

Ni las riquezas ni los honores nos hacen felices: **Neque divitiae neque honores nos beatos reddunt.**

5.º *Ni, ni tan sólo,* se traduce por **ne... quidem,** intercalando la palabra sobre la cual recae la negación:

Ni tan sólo a él he visto: **Ne eum quidem vidi.**
Ni le he visto: **Eum ne vidi quidem.**

214. 6.º ADVERBIOS DE INTERROGACIÓN. — 1.º **Ne** indica que una oración tiene sentido interrogativo. El adverbio **ne** es enclítico y se junta, pospuesto, a la palabra sobre la cual recae la interrogación:

Veniet ne frater tuus?: *¿Vendrá tu hermano?*
Frater ne tuus veniet?: *¿Es tu hermano quién vendrá?*
Tuus ne veniet?: *¿Es el tuyo que vendrá?*

2.º **Nonne** se usa cuando se prevé que la respuesta será afirmativa:

¿No es evidente esto?: **Nonne hoc manifestum est?**

3.º **Num** se usa cuando se prevé que la contestación será negativa:

¿Has perdido el juicio?: **Num insanis?**

4.º En las interrogaciones dobles el primer miembro va introducido por **ne** o **utrum,** el segundo por **an,** *o,* o **annon,** *o no.*

¿Es tu padre o tu hermano quién está enfermo?: **Pater ne tuus an frater aegrotat?**

¿Está enfermo tu hermano, o no?: **Utrum aegrotat frater tuus annon?**

LA PREPOSICION

215. Los casos de la declinación no bastan para expresar todas las relaciones que pueden mediar entre las palabras de una oración; mediante las preposiciones se expresan, pues, muchas de estas relaciones de lugar, dirección, etc., que con las desinencias no podrían expresarse.

Las preposiciones son partículas que se anteponen a los nombres. De las preposiciones latinas unas rigen Acusativo, otras Ablativo; otras, finalmente, unas veces Acusativo, otras Ablativo.

216. PREPOSICIONES DE ACUSATIVO

Ad, *a, hacia*	**Eo ad urbem:** *Voy a la ciudad.*
cerca de, junto a	**Urbs ad mare sita est:** *La ciudad está situada junto al mar.*
hasta	**Cato ad summam senectutem vixit:** *Catón vivió hasta la más extrema vejez.*
para	**Res ad bellum utiles:** *Cosas útiles para la guerra.*

Adversus, *contra*	**Adversus hostes ire:** *Marchar contra el enemigo.*
hacia	**Pietas adversus deos:** *La piedad hacia los dioses.*
Ante, *ante, delante de*	**Ante portam:** *Ante la puerta.*
antes de	**Ante bellum:** *Antes de la guerra.*
Apud, *en casa de*	**Apud patrem:** *En casa de mi padre.*
en el país de	**Apud Sequanos:** *En el país de los Sécuanos.*
junto a	**Apud Cannas pugnatum est:** *Se luchó junto a Cannas.*
en los escritos de	**Apud Vergilium:** *En los poemas de Virgilio.*
Circa, circum, circiter, *alrededor de*	**Circa pectus:** *Alrededor del pecho.*
	Circum se: *A su alrededor.*
	Circiter viginti: *Alrededor de veinte (unos veinte).*
Cis, citra, *de este lado de*	**Citra Iberum flumen:** *De este lado del río Ebro.*
Contra, *contra*	**Contra rem publicam agere:** *Obrar contra el Estado.*
frente a	**Contra Brundisium:** *Frente a Brindis.*
Erga, *para con*	**Meus erga te amor:** *Mi amor para contigo.*
Extra, *fuera de*	**Extra muros:** *Fuera de los muros.*
Infra, *debajo de*	**Infra frontem sunt oculi:** *Los ojos están debajo de la frente.*
Inter, *entre*	**Inter urbem et flumen turris erat:** *Había una torre entre la ciudad y el río.*
	Inter amicos: *Entre amigos.*
Intra, *dentro de*	**Intra muros:** *Dentro de los muros.*
Iuxta, *al lado de*	**Iuxta urbem castra posuit:** *Puso el campamento junto a la ciudad.*
Ob, *por, a causa de*	**Ob metum:** *Por miedo.*
ante	**Ob oculos:** *Ante los ojos.*
Penes, *en poder de*	**Penes praetorem:** *En poder del pretor.*
Per, *por, a través de*	**Per flammas ire:** *Pasar a través de las llamas.*
durante	**Per noctem:** *Durante la noche.*
por medio de	**Per exploratores:** *Por medio de escuchas.*
Post, *detrás de*	**Post domum:** *Detrás de la casa.*
después de	**Post bellum:** *Después de la guerra.*
Praeter, *contra*	**Praeter aequum:** *Contra lo justo.*
excepto	**Praeter te nullum habeo amicum:** *Fuera de ti no tengo ningún amigo.*
además de	**Praeter Ariovistum decem erant equites:** *Además de Ariovisto había diez caballeros.*
Prope, *cerca de*	**Prope urbem castra ponere:** *Acampar cerca de la ciudad.*
Propter, *a causa de*	**Propter benignitatem tuam:** *A causa de tu benignidad.*

Secundum, *a lo largo de* *de conformidad con*	**Secundum litus:** *A lo largo de la playa.* **Secundum naturam:** *De conformidad con la naturaleza.*
Super, *sobre*	**Super deiectum iuvencum stabat leo:** *El león estaba erguido sobre un novillo derribado.*
Supra, *por encima de*	**Supra terram:** *Por encima de la tierra.*
Trans, *al otro lado de*	**Trans Rhenum:** *Al otro lado del Rin.*
Ultra, *más allá de*	**Ultra Pyrenaeos montes:** *Más allá de los Montes Pirineos.*
Versus, *hacia* (posp. al subst.)	**Romam versus:** *Hacia Roma.*

217. II. Preposiciones de ablativo.

A, ab, *de, a partir de*	**Ab urbe discessit:** *Se alejó de la ciudad.*
desde	**A pueritia:** *Desde la infancia.*
por (con verbo pasivo)	**Amor a patre:** *Soy amado por mi padre.*

Observación. — **Ante vocal o *h*, se usa siempre ab, ante consonante puede usarse a o ab.**

Coram, *en presencia de*	**Coram populo:** *En presencia del pueblo.*
Cum, *con*	**Exii cum patre:** *Salí con mi padre.*

Observación. — **Se dice: mecum,** *conmigo;* **tecum,** *contigo;* **secum,** *consigo;* **nobiscum,** *con nosotros;* **vobiscum,** *con vosotros.*

De, *de, de lo alto de*	**De muro:** *De lo alto del muro.* **De regno deiectus est:** *Fue derribado del trono.*
sobre, acerca de	**De senectute liber:** *Libro sobre la vejez.*
E, ex, *de, saliendo de*	**Ex urbe egredi:** *Salir de la ciudad.*
de (indicando materia)	**Vas ex auro:** *Una vasija de oro.*
de (a consecuencia de)	**Ex vulneribus decessit:** *Sucumbió a consecuencia de sus heridas.*
según, conforme a	**E natura vivere:** *Vivir conforme a la naturaleza.*
Prae, *en comparación con*	**Prae imperii magnitudine:** *En comparación con la grandeza del imperio.*
Pro, *delante*	**Pro castris:** *Delante del campamento.*
en lugar de	**Pro patre esse alicui:** *Hacer de padre a alguien.*
por (en interés de)	**Pro patria mori:** *Morir por la patria.*
en defensa de	**Pro Archia poeta:** *En defensa del poeta Arquias.*
Sine, *sin*	**Sine spe:** *Sin esperanza.*

218. III. Preposiciones de acusativo y ablativo. — Las dos preposiciones, **in** y **sub**, que rigen estos dos casos, toman un sentido distinto según el caso regido.

El acusativo indica la dirección de un movimiento; el ablativo expresa una situación en un estado de reposo.

In (con acusativo), *en, a* (lugar a donde se va, o a donde se entra; pregunta **quo**):
In urbem ingressus est: *Entró en la ciudad.*
hacia, contra:
Amor in patriam: *Amor hacia la patria.*
Odium in hostes: *Odio contra los enemigos.*

In (con ablativo), *en* (lugar dónde se está; pregunta **ubi**):
Ambulat in horto: *Se pasea en el jardín.*

Sub (con acusativo), *debajo de* (con idea de movimiento; pregunta **quo**):
Sub saxum recedunt: *Se retiran debajo de una roca.*

Sub (con ablativo), *debajo* (con idea de reposo; pregunta **ubi**):
Sub terra latescunt: *Están escondidos bajo tierra.*

219. **Causā** y **gratiā**. — Los ablativos **causā y gratiā**, pospuestos a un genitivo tienen valor de preposiciones:

Causa, *por causa de.*
Salutis meae causa id fecit: *Lo hizo por causa de mi salvación.*

Gratia, *por amor de, por.*
Patris gratia: *Por amor de su padre.*
Verbi gratia: *Por ejemplo.*

220. PREPOSICIONES USADAS COMO ADVERBIO. — **Muchas preposiciones se usan con valor adverbial, especialmente post, ante, circa,** etc.

Ad te a n t e scripseram: *Te había escrito antes.*

LA CONJUNCION

221. Las conjunciones son partículas que sirven para unir palabras entre sí en una oración, u oraciones en una frase.

Se clasifican en *Coordinativas* y *Subordinativas*. COORDINATIVAS son las que unen dos palabras en una oración, o dos oraciones entre sí, sin modificar el modo del verbo. SUBORDINATIVAS son las que unen a la oración principal la oración u oraciones que de ella dependen.

222. I. CONJUNCIONES COORDINATIVAS. — *a)* COPULATIVAS (indicando unión), pueden ser *simples* o *correlativas*. Las *simples* son:

et, ac, atque / **-que**	*y*	**quoque,** *también* / **etiam,** *aún, también*
neque / **nec**	*y no, ni*	**ne quidem,** *ni*

223. OBSERVACIONES. — 1.ª **Ac,** no se usa nunca ante vocal o *h.*

2.ª **Que,** es una partícula enclítica que se une a la palabra como un sufijo.
Senatus populusque Romanus: *El Senado y el pueblo romano* (abreviado: **S. P. Q. R.**).

3.ª Etiam se coloca ante la palabra que une: **etiam ego,** *también yo;* **quoque** se coloca después de esta palaba: **ego quoque,** *yo también.*

4.ª **Et** tiene, asimismo, valor de *también*.
Veniet et mater eius: *Vendrá también su madre.*

5.ª Cuando *y no* se refiere a una palabra que no sea el verbo, se traduce por **et non**.
Brevis et non effusa oratio: *Un discurso breve y no prolijo.*

224. Las *correlativas*, destinadas a insistir sobre la unión que se establece entre dos oraciones o palabras, son:

et... et, *no sólo... sino también*
cum... tum, *no sólo... sino especialmente*
modo... modo / **tum... tum** } *ya... ya*
neque... neque / **nec... nec** } *ni... ni*
et... neque, *no sólo... sino que ni*
non tantum... / **non solum...** / **non modo...** } **sed etiam** / **verum etiam** } *no sólo... sino que*
non modo non... sed ne... quidem, *no sólo no... sino que ni.*

225. *b)* Disyuntivas (indicando alternativa):

aut / **vel** / **-ve** } *o* — **sive** / **seu** } *o, ya, sea*

226. Observaciones. — 1.ª **Ve** es enclítica; se une al nombre o verbo como un sufijo:
Consules senatoresve: *Los cónsules o los senadores.*

2.ª Existen las siguientes correlaciones disyuntivas:

sive... sive / **seu... seu** / **vel... vel** } *sea... sea*

Sive volens sive nolens: *Sea de buen grado, sea de mal grado,*
aut... aut, *o... o* (excluyendo una tercera posibilidad).
Aut vincere aut mori: *O vencer o morir.*

227. *c)* Adversativas (indicando oposición):

sed / **at** / **autem** / **verum** / **vero** } *pero* — **tamen**, *sin embargo*

228. Observación. — **Autem** y **vero** deben ocupar siempre el segundo lugar de la oración; son las conjunciones adversativas de menos fuerza.

229. *d)* Causales ilativas (indicando motivo):

nam / **namque** } *pues* — **enim** / **etenim** } *en efecto, pues*

Observación. — **Enim**, acostumbra a ponerse después de la primera palabra de su oración.

230. *c*) CONSECUTIVAS (indicando consecuencia):

ergo, **igitur**, **itaque** } *así pues* — **quare**, **quamobrem** } *por ello*

231. OBSERVACIÓN. — **Igitur acostumbra a colocarse en segundo lugar en su oración.**

232. II. CONJUNCIONES SUBORDINATIVAS.

a) FINALES (introduciendo una oración final, en *subjuntivo*):

ut, **quo** } *para que* — **quin**, **ne**, **quominus** } *para que no*

Haec facit ut laudetur: *Hace estas cosas para que le alaben.*
Haec facit ne culpetur: *Hace estas cosas para no ser acusado.*

233. *b*) CONSECUTIVAS (introduciendo una oración consecutiva de la oración principal, en *subjuntivo*):

ut, *que* — **ut non**, *que no*

Tam potens est Deus ut omnia regat: *Dios es tan poderoso que todo lo rige.*
Haec tam male fecit ut non laudaretur: *Lo hizo tan mal que no fue alabado.*

234. *c*) TEMPORALES (introduciendo una oración temporal, en *indicativo*):

cum, **ubi**, **ut, uti** } *cuando* — **antequam**, **priusquam** } *antes que*

postquam, *después que*
simul, simulac, *tan pronto como*
quoad, **donec**, **dum** } *mientras, hasta que*
quotiens, *tantas veces como*

Haec ubi dixit discessit: *Cuando hubo dicho esto se marchó.*
Hoc feci dum licuit: *Lo hice mientras fue posible.*
Antequam de republica dicam exponam consilium meum: *Antes de hablar sobre el Estado, expondré mi pensamiento.*

235. *d*) CAUSALES (introduciendo una oración que expresa la causa de lo dicho en la oración principal):

quod, **quia**, **quoniam** } (con indicativo), *porque, puesto que*

cum (con subjuntivo), *como sea que*

Quoniam id cupis, proficiscar: *Partiré, puesto que lo deseas.*
Cum vita sine amicis insidiarum plena sit, ratio ipsa nos monet, ut amicitias comparemus: *Como sea que la vida sin amigos está llena de asechanzas, la razón misma nos advierte que nos procuremos amistades.*

236. *e)* CONDICIONALES (introduciendo una oración que condiciona la oración principal, en *indicativo* o *subjuntivo*):

si, *si*	**seu... seu** / **sive... sive**	*sea que... sea que*
si non, *si no*		
nisi, *a menos que*		

Si vis pacem, para bellum: *Si quieres la paz, prepara la guerra.*
Sive quid habes, sive nihil habes, scribe tamen: *Tanto si tienes algo (que decir), como si no tienes nada, escribe no obstante.*

237. *f)* CONCESIVAS (introduciendo una oración concesiva, en *indicativo* o *subjuntivo)*:

etsi
licet
quamquam
quamvis
} *aunque, por más que*

Quamvis mitis sum, irascor: *Aunque soy pacífico, me enciendo en ira.*

238. *g)* COMPARATIVAS (introduciendo una oración comparativa, en *subjuntivo*):

sicut, tamquam
ut, quasi
velut, tanquam si
} *como si*

Saevit tamquam amens sit: *Está furioso, como si hubiese perdido el juicio.*

INTERJECCIONES

239. Las interjecciones principales latinas son las siguientes:

O, *oh!*	**Heu, eheu**, *¡ay!*	**Age**, *¡Ea!*
Ah, *ah!*	**En, ecce**, *¡he aquí!*	

OBSERVACIÓN. — Algunas interjecciones no se usan como exclamaciones desligadas de otras palabras, sino formando locuciones; tales son **Vae, Pro.**

Pro dii immortales!: *¡Oh, dioses inmortales!*
Vae capiti tuo!: *¡Ay de tu cabeza!*

ELEMENTOS
DE
SINTAXIS

LA ORACION Y SUS PARTES

240. La oración gramatical y sus elementos.

Se da el nombre de oración gramatical a la expresión de un juicio. Los elementos esenciales de la oración simple son el *sujeto* y el *predicado*.

Sujeto es la palabra que expresa la persona o cosa de la que se afirma algo. Predicado es la palabra o palabras que expresan lo que se afirma del sujeto.

Puer scribit: *el niño escribe.*

Sujeto (¿quién escribe?): **puer,** *el niño.* Predicado (¿qué se afirma del niño?): **scribit,** *escribe.*

Animus immortalis est, *el alma es inmortal.*

Sujeto (¿quién es inmortal?); **animus,** *el alma.* Predicado (¿qué es el alma?); **immortalis,** *inmortal.*

241. El sujeto es siempre un substantivo o palabra substantivada.

Ejemplos: **Puer scribit,** *el niño escribe* (substantivo sujeto). **Ego credo, ille dubitat,** *yo creo, él duda* (pronombre sujeto). **Boni sunt beati,** *los buenos son felices* (adjetivo substantivado). **Errare humanum est,** *errar es humano* (infinitivo). **Tres supersunt,** *quedan tres* (numeral).

Una oración puede no tener sujeto, si el verbo lo indica ya claramente (**erro,** *me equivoco*), o si se trata de expresiones impersonales (**pluit,** *llueve,* **dicunt,** *dicen, se dice*).

242. El predicado puede expresarse: o por un verbo en tiempo personal (predicado verbal): **Exercitus vincit,** *el ejército vence,* o por medio de un substantivo o adjetivo en nominativo (predicado nominal): **Exercitus est fortis,** *el ejército es fuerte;* **Exercitus est praesidium,** *el ejército es una protección.*

243. Complementos. — La idea expresada por una palabra puede ser completada, ampliada o precisada por otras, llamadas complementos.

1. Pueden completar a un substantivo: otro substantivo, generalmente en genitivo (**Domus patris,** *la casa de mi padre*), un adjetivo atributivo (**Domus pulchra,** *casa hermosa*), o bien otro substantivo en el mismo caso llamado aposición (**Roma, caput Italiae,** *Roma, capital de Italia*).

2. Pueden completar a un verbo: *a)* Un substantivo en caso oblicuo, con o sin preposición: **Parentes diligo,** *amo a mis padres* (complemento directo, en acusativo). **Do panem pauperi,** *doy pan a un pobre* (complemento in-

directo, en dativo); **fame** interiit, *murió de hambre* (complemento circunstancial en ablativo); **despero de salute**, *desespero de la salvación* (complemento circunstancial con preposición).

b) Un infinitivo: **Volo discere**, *quiero aprender.*

c) Un adverbio: **Pugnat fortiter**, *lucha valerosamente.*

3. Pueden completar a un ADJETIVO: un substantivo en caso oblicuo, con o sin preposición (**contentus sua sorte**, *contento con su suerte;* **paratus ad omnia**, *preparado a todo*), o un adverbio (**minus** fortis, *menos fuerte*).

LA ORACION SIMPLE

244. CONCEPTO. — Oración simple es la que consta de un solo predicado. Atendiendo a su sentido, las oraciones simples se clasifican en:

a) ASEVERATIVAS, que afirman o niegan la realidad de un hecho.

b) EXHORTATIVAS o optativas, que no expresan un hecho como una realidad sino como un deseo, un mandato, una suposición, una posibilidad.

c) INTERROGATIVAS, que en lugar de afirmar un hecho, preguntan sobre su realidad.

245. ORACIONES ASEVERATIVAS. — El modo propio de las oraciones aseverativas es el indicativo:

Caesar scribit, *César escribe.*
Non legimus, *no leemos.*

246. ORACIONES EXHORTATIVAS O OPTATIVAS. — Los modos propios de estas oraciones son, por lo general, el subjuntivo y el imperativo.

Sit tibi terra levis, *séate la tierra leve.*
Nosce te ipsum, *conócete a ti mismo.*

Estudiaremos más adelante (§§ 290-292) el uso de los modos en estas oraciones.

247. ORACIONES INTERROGATIVAS. — 1. **La interrogación simple.** Si la pregunta se refiere a la totalidad de la oración, ésta va introducida por una de las partículas interrogativas **-ne** (enclítica), **nonne, num.**

-ne indica interrogación pura, sin anticipación de la respuesta. **Nonne** presupone una respuesta afirmativa (castellano: *¿no?, ¿acaso no?*). **Num** presupone una respuesta negativa (castellano: *¿acaso?, ¿por ventura?*). Estas preguntas, en las que se anticipa la respuesta, se llaman interrogaciones retóricas.

Fecistine, quod tibi mandatum erat?, *¿hiciste lo que se te había mandado?*,
Nonne hoc manifestum est? *¿no es evidente esto?*
Num insanis? *¿has perdido el juicio?*

b) Si la pregunta recae sobre un solo elemento de la oración, se usan los pronombres y adverbios interrogativos: **quis?, quid?, uter?, ubi?, unde?, cur?** etcétera.

Quis vestrum ignorat?, *¿quién de vosotros ignora?*
Unde venis?, *¿de dónde vienes?*

248. 2. La interrogación doble, o disyuntiva, lleva en el primer miembro **utrum, -ne** o ninguna partícula, y en el segundo **an**; si éste es negativo, **annon**:

Utrum id verum an falsum est?, *¿es esto verdadero o falso?*
Isne est, quem quaero, annon?, *¿es éste el que busco, o no?*

CONCORDANCIA

249. Concordancia del verbo con su sujeto. — El verbo concuerda con su sujeto en número y persona, siguiendo las mismas reglas que el castellano:

Hostis fugit, *el enemigo huye.*
Cicero et Terentia valent, *Cicerón y Terencia están bien.*
Si tu et Tullia valetis, ego et Cicero valemus, *si tú y Tulia estáis bien, yo y Cicerón estamos bien.*

Pero si hay más de un sujeto, el verbo puede concertar también con el más próximo:

Venit pater et mater, *vino el padre y la madre.*

250. Concordancia del sujeto y el predicado nominal. — *a*) Un solo sujeto. Si el predicado nominal es un adjetivo, concierta con el sujeto en género, número y caso:

Verae amicitiae sempiternae sunt, *las verdaderas amistades son eternas.*

Si el predicado es un substantivo, concierta con el sujeto en caso, y si es posible, en género y número:

Nos causa belli sumus, *somos nosotros la causa de la guerra.*
Sol est rex caeli, luna est regina siderum, *el sol es el rey del cielo, la luna es la reina de los astros.*

b) Con más de un sujeto. Si hay varios sujetos, y éstos son del mismo género, el predicado nominal se pone en plural y en el mismo género que los sujetos:

Pater et filius sunt boni, *el padre y el hijo son buenos.*

Si son de género distinto y son nombres de seres animados, el predicado nominal va en masculino plural; si son nombres de cosas, el predicado suele ponerse en plural neutro:

Pater et mater sunt b o n i , *el padre y la madre son buenos.*

Virtus et vitium sunt c o n t r a r i a , *la virtud y el vicio son contrarios.*

A veces, en lugar de concertar con todos los sujetos, el predicado nominal concierta sólo con el más próximo:

B o n u s est pater et mater, *el padre y la madre son buenos.*

251. CONCORDANCIA ENTRE SUBSTANTIVO Y ADJETIVO. — El adjetivo atributivo concierta en género, número y caso con el substantivo calificado o determinado por él:

Amicus c e r t u s in re i n c e r t a cernitur, *el amigo seguro se conoce en una situación insegura.*

Si el adjetivo califica a varios substantivos, concierta con el más próximo (o a veces se repite con cada uno de ellos):

O m n e s aedes et templa, *todas las casas y templos* (también: **omnes aedes omniaque templa**).

252. CONCORDANCIA DE LA APOSICIÓN. — La aposición concierta con el substantivo a que se refiere en caso y, si es posible, también en género y número:

Servius Tullius r e x , *el rey Servio Tulio.*

Athenae, c a p u t Graeciae, antiqua est urbs, *Atenas, capital de Grecia, es una ciudad antigua.*

Nótese que, en castellano, cuando un nombre propio de ciudad está en aposición con el nombre común correspondiente, lleva la preposición *de*: *La ciudad de Roma*, **urbs Roma.**

253. CONCORDANCIA DEL RELATIVO CON SU ANTECEDENTE. — El relativo concierta con su antecedente en género y número. En cuanto al caso, adopta el que le corresponde según la función que desempeña en la oración (véase § 315).

Duas v i a s occupavit, q u i b u s hostes exierant, *ocupó los dos caminos, por los que habían salido los enemigos.*

USO DE LOS CASOS

EL NOMINATIVO

254. NOMINATIVO SUJETO. — El nominativo es el caso del sujeto del verbo que está en modo personal:

E x e r c i t u s rediit, *el ejército regresó.*

255. NOMINATIVO PREDICADO. — El predicado nominal con un verbo copulativo en modo personal, va en nominativo:

Animus i m m o r t a l i s est, *el alma es inmortal.*

256. VERBOS COPULATIVOS. — Además de esse, hay una serie de verbos que admiten un predicado nominal en nominativo, referido al sujeto. Son los que indican «estado» o «apariencia», y los pasivos que significan «ser llamado», «ser juzgado», «ser nombrado», etc.:

Caesar **v i c t o r** evasit, *César salió vencedor.*

Socrates **s a p i e n t i s s i m u s** mihi videtur, *Sócrates me parece el más sabio.*

Iustitia erga parentes **p i e t a s** nominatur, *la justicia hacia los padres se llama piedad.*

C o n s u l e s creantur Caesar et Servilius, *son nombrados cónsules César y Servilio.*

EL VOCATIVO

257. El VOCATIVO es el caso de la persona o cosa personificada, a la que se dirige la palabra. Tiene valor de interjección y se construye con independencia del resto de la frase. En los apóstrofes apasionados puede llevar la interjección o!

Vale, mi suavissime et optime frater!, *¡adiós, hermano mío carísimo y excelente!*

EL ACUSATIVO

258. SIGNIFICACIÓN FUNDAMENTAL. — El Acusativo indica, fundamentalmente, la dirección o el fin de una acción verbal. De ahí que sus dos usos principales sean: 1.º, como complemento directo de verbos transitivos; 2.º, como complemento de dirección de verbos de movimiento.

259. ACUSATIVO COMPLEMENTO DIRECTO. — El Acusativo es el caso del complemento directo de los verbos transitivos, o sea, la palabra que indica la persona o cosa sobre la que recae directamente la acción verbal.

Scipio **H a n n i b a l e m** vicit, *Escipión venció a Aníbal.*

Dei providentia **m u n d u m** administrat, *la providencia de Dios gobierna el mundo.*

260. OBJETO INTERNO Y OBJETO EXTERNO. — El complemento directo (u objeto) se llama externo cuando indica una cosa que existe independientemente de la acción del verbo, y se llama interno cuando la cosa indicada no es sino el resultado de la acción.

Objeto externo: *alabar al discípulo, amar a los padres.*
Objeto interno: *cantar una canción, edificar una casa.*

Muchos verbos intransitivos admiten un complemento directo de objeto interno, constituido a menudo por un substantivo de la misma raíz del verbo:

Vitam iucundam vivere, *vivir una vida agradable.*

Stadium currere (cursum stadii currere), *correr una carrera en el estadio.*

Acerrimam pugnam pugnare, *pelear encarnizadamente* (lit.: pelear una pelea encarnizada).

261. VERBOS IMPERSONALES DE SENTIMIENTO. — Los siguientes verbos impersonales de sentimiento expresan en acusativo la persona afectada por el sentimiento, y en genitivo la cosa que lo produce:

me miseret vestri, *me compadezco de vosotros.*
me paenitet huius facti, *me arrepiento de esta acción.*
me taedet vitae, *me hastía la vida.*
me piget audaciae tuae, *me apesadumbra tu audacia.*
me pudet proditionis meae, *me avergüenzo de mi traición.*

262. ACUSATIVO DE DIRECCIÓN. — El complemento de dirección con verbos de movimiento (lugar a donde **se va, locus quo**), se pone en acusativo. Van sin preposición los nombres propios de ciudades e islas menores, y los comunes **domus** y **rus**; los demás nombres llevan las preposiciones **in** o **ad**.

Eo domum, *voy a casa.* **Eo Romam,** *voy a Roma.* **Eo in Galliam,** *voy a la Galia.* **Venerunt ad eundem rivum,** *llegaron al mismo río.*

263. DOBLE ACUSATIVO. — Se construyen con dos acusativos los verbos siguientes:

1.º Los verbos que significan «llamar», «juzgar», «nombrar» y que en pasiva vimos (§ 256) que llevaban un predicado en nominativo referido al sujeto, en activa ponen el predicado en acusativo concertando con el complemento directo:

Iustitiam erga parentes p i e t a t e m nominamus, *llamamos piedad a la justicia para con los padres.*

Romani c o n s u l e s creaverunt Caesarem et Servilium, *los romanos nombraron cónsules a César y a Servilio.*

2.º Los verbos que significan «enseñar» **(docere)**, «ocultar» **(celare)**, «pedir» **(poscere)**, «rogar» **(orare, rogare)**, pueden llevar un complemento directo de persona y otro de cosa:

Magister p u e r o s docet g r a m m a t i c a m, *el maestro enseña la gramática a los niños.*

Achaei a u x i l i a r e g e m poposcerunt, *los aqueos pidieron refuerzos al rey.*

Id f r a t r e m oro, *esto suplico al hermano.*

3.º Los verbos que significan «hacer pasar», «pasar al otro lado de», **traducere, transportare, traicere,** llevan un acusativo complemento directo y otro indicando el lugar por el que se hace pasar:

Caesar e x e r c i t u m R h e n u m traducit (= trans Rhenum ducit), *César hace pasar el ejército al otro lado del Rin.*

264. ACUSATIVO DE EXTENSIÓN. — El Acusativo expresa la extensión en el espacio y en el tiempo.

a) En el espacio, indica las dimensiones de una cosa y suele ir acompañado de los adjetivos **longus,** *largo,* **latus,** *ancho,* **altus,** *alto o profundo.*

Hasta s e x p e d e s longa, *lanza larga de seis pies.*

Silva patebat in longitudinem milia passuum d u c e n t a, *la selva se extendía doscientas millas en longitud.*

b) En el tiempo, el acusativo indica la duración de una acción o estado, contestando a la pregunta «¿cuánto tiempo?».

Pugnatum est q u i n q u e h o r a s, *se luchó durante cinco horas.*

Nótense las expresiones: **Viginti annos natus,** *de veinte años de edad* (nacido hace veinte años). **Vicesimum aetatis annum ago,** *tengo diecinueve años* (estoy en mi vigésimo año). **Mithridates annum iam tertium et vicesimum regnat,** *Mitridates reina hace ya veintidós años* (está en el vigésimo tercer año de su reinado).

265. Acusativo exclamativo. — En las exclamaciones de sorpresa o dolor se usa a menudo el acusativo con o sin las interjecciones **o!, heu!:**

Heu me miserum! *¡ay, desgraciado de mí!* **O miseras hominum mentes!** *¡oh míseros pensamientos humanos!*

266. Acusativo adverbial. — Algunos substantivos y pronombres neutros se usan en acusativo con sentido de adverbios: **magnam partem,** *en gran parte;* **id temporis,** *en este momento, entonces;* **id aetatis sum,** *tengo esta edad;* **nihil,** *en nada, de ningún modo,* etcétera.

EL GENITIVO

267. Sentido fundamental. — El Genitivo es el caso propio del complemento del substantivo. Contesta a las preguntas «¿qué clase de?», «¿de quién?, «¿de qué?»; en castellano lleva casi siempre la preposición *de.* Pero, además de completar un substantivo, el Genitivo puede ir también con algunos verbos o adjetivos.

268. Genitivo posesivo. — Como en castellano, el Genitivo indica la persona que posee algo o a quien pertenece algo:

Domus Caesaris, *la casa de César.* **Officium servi,** *el deber del esclavo*

269. Genitivo subjetivo y objetivo. — Con substantivos derivados de verbos o cuyo sentido es afín a una idea verbal, el genitivo puede representar el sujeto o bien el objeto (complemento) de la idea verbal implícita en el substantivo. Así, **metus hostium** puede significar: *el miedo de los enemigos* (los enemigos temen, **hostes metuunt**), o *el miedo a los enemigos* (tememos a los enemigos, **hostes metuimus**). **Desiderium patris,** *la nostalgia del padre,* puede significar la nostalgia que siente el padre (**pater desiderat**) o la nostalgia que tenemos del padre (**patrem desideramus**).

270. Genitivo partitivo. — Este Genitivo indica el todo del que se toma una parte. Se encuentra: 1.º Con substantivos indicando masa, cantidad o medida:

Acervus pecuniae, *montón de dinero.* **Modius tritici,** *un modio de trigo.*

2.º Con la forma neutra de adjetivos y pronombres que indican cantidad; en este caso el castellano suele hacer concertar el adjetivo con el substantivo:

Multum pecuniae, *mucho dinero.* **Nihil praemii,** *ninguna recompensa.*
Tantum operae et temporis, *tanta fatiga y tanto tiempo.*

3.º Con comparativos, superlativos, ordinales y pronombres:

Maior fratrum, *el mayor de los dos hermanos.* **Sapientissimus Graecorum,** *el más sabio de los griegos.* **Septimus atque ultimus regum Romanorum,** *el séptimo y último de los reyes romanos.* **Alter consulum,** *uno de los dos cónsules.* **Quis vestrum,** *quién de vosotros.* **Nemo mortalium,** *ninguno de los mortales.*

271. Genitivo de cualidad. — El genitivo expresa la cualidad característica o permanente de un objeto:

Vir magni consilii, *hombre de gran entendimiento.* **Turris ingentis altitudinis,** *torre de gran altura.* **Puer novem annorum,** *niño de nueve años.*

272. Genitivo complemento de verbos. — Llevan un complemento en genitivo los verbos siguientes:

1.º Los que significan «estimar», «apreciar», «valer» **(aestimare, facere, putare, ducere, habere).** El genitivo indica lo mucho o poco en que algo es estimado o apreciado (genitivo de precio y estima):

Laelius voluptatem p a r v i ducebat, *Lelio estimaba en poco el placer.* **Omnes te m a g n i faciunt,** *todos te tienen en gran estima.*

2.º Los verbos llamados «judiciales», significando «acusar», «absolver», «condenar» y análogos **(accusare, damnare, absolvere, reum facere,** etc.), ponen en Genitivo el substantivo que expresa la culpa o delito:

Miltiades p r o d i t i o n i s accusatus est, *Milcíades fue acusado de traición.*

3.º Los verbos de memoria **(meminisse, reminisci, oblivisci),** los de «sentimiento» (véase § 261) y los impersonales **interest** y **refert,** *importa, interesa.*

Memento nostri, *acuérdate de nosotros.* **Multos homines taedet vitae,** *a muchos hombres les hastía la vida.* **Interest regis,** *importa al rey.*

Con los verbos **interest, refert,** si la persona interesada debe expresarse por un pronombre personal, se usa, en lugar del genitivo de éste, el ablativo singular femenino del adjetivo posesivo correspondiente:

Mea refert, *me importa.* **Tua interest,** *te importa.* Nostra refert, *nos importa.*

273. Genitivo complemento de adjetivos. — El genitivo sirve de complemento a diversos adjetivos. Generalmente son adjetivos de significado afín a una idea verbal, y el genitivo expresa el complemento del verbo correspondiente. Se trata, pues, las más veces, de genitivos objetivos.

Rigen genitivo los adjetivos que indican: 1.º «Deseo», **cupidus, avidus, studiosus:**

Cupidus gloriae, *deseoso de gloria.* **Avidus pecuniae,** *ávido de dinero.*

2.º «Ciencia», «costumbre», «memoria» y sus contrarios: **peritus, imperitus,**

prudens (*entendido*), **imprudens** (*inexperto*), **memor** (*que recuerda*), **immemor** (*que no recuerda*):

Peritus rei militaris, *entendido en el arte militar.* **Memor beneficiorum**, *que se acuerda de los beneficios.*

3.º «Participación», «propiedad», «abundancia» y sus contrarios: **particeps** (*partícipe*), **expers** (*privado de*), **proprius** (*propio*), **alienus** (*ajeno*), **plenus** (*lleno*), **fertilis** (*fértil*), **inanis** (*vacío*):

Particeps coniurationis, *partícipe en la conjuración.* **Inops consilii**, *falto de consejo* (irresoluto).

EL DATIVO

274. Sentido fundamental. — El dativo expresa fundamentalmente una idea de atribución, participación o interés. Indica, por tanto, la persona (más raramente la cosa) interesada indirectamente en la acción del sujeto: la persona a la que se da o atribuye algo, o a la que algo afecta, o en cuyo daño o provecho se hace algo. No lleva nunca preposición, pero en cambio se construye con muchos verbos compuestos de preposición.

275. Dativo de objeto indirecto. — El dativo se usa como un segundo complemento de muchos verbos transitivos y como complemento único de muchos verbos intransitivos (complemento indirecto).

1.º Con verbos transitivos. Los verbos que significan «dar», «enviar», «decir» e ideas análogas, llevan un dativo expresando la persona a la que se da, envía, dice algo:

Dedi librum puero, *di un libro al niño.*

2. Con verbos intransitivos. Muchos verbos ponen en dativo su único complemento.

Son, especialmente: *a*) los que indican «favor», «agrado», «conveniencia» y sentidos análogos o contrarios: **prodesse**, *aprovechar*, **favere**, *favorecer*, **nocere**, *perjudicar*, **invidere**, *ver con malos ojos*, **placere**, *agradar*, **minari**, *amenazar*, etc.

b) Los que indican «mando», «obediencia», «sumisión», «perdón», etc.: **imperare**, *mandar*, **parere**, *obedecer*, **ignoscere**, *perdonar*, etc.

c) Los que indican «proximidad» y «contacto», con sus contrarios: **haerere**, *estar adherido*, **appropinquare**, *acercarse*, **miscere**, *mezclar*, **dissentire**, *disentir*, etc.

d) Muchos verbos compuestos de preposición. Si son transitivos, llevan además el complemento directo en acusativo: **praeesse legioni**, *estar al frente de una legión;* **superesse alicui**, *sobrevivir a uno;* **succedere alicui**, *suceder a uno;* **afferre dolorem alicui**, *causar dolor a uno.*

276. DATIVO POSESIVO. — El verbo **esse** acompañado de dativo indica que una cosa está a la disposición de alguien, y puede muchas veces traducirse por el verbo *tener*:

Quinque filii n o b i s sunt, *tenemos cinco hijos.*
Nótese: **Mihi nomen est Paulus** (o **Paulo**), *me llamo Pablo.*

277. DATIVO DE INTERÉS. — Además de los verbos anteriormente indicados, muchos otros pueden llevar un dativo indicando la persona o cosa personificada en cuyo interés, provecho o daño se realiza la acción.

Quidquid discis, t i b i discis, *todo lo que aprendes, lo aprendes en tu provecho.*

278. DATIVO DE FINALIDAD O EFECTO. — Varios verbos se construyen con un dativo indicando el fin o efecto que una cosa tiene. Son esse (en el sentido de «servir de»), **habere**, *tener por, hacer servir de,* **dare**, *dar en calidad de,* **accipere**, *recibir como,* **mittere**, *enviar como,* etc.:

Res ea m a g n o u s u i fuit, *esta cosa fue de gran utilidad.*
Rem publicam habet q u a e s t u i, *se sirve de la política para sus negocios.*
(lit.: tiene la política como cosa de lucro).

En una oración con verbo **esse**, cuando el predicado no indica una cualidad inherente al sujeto, sino un efecto que el sujeto tiene con respecto a alguien, en lugar de ponerse en nominativo, se pone en dativo; por tal razón se da a este dativo el nombre de DATIVO PREDICATIVO. Compárese:
El río es ancho, **Flumen est latum** (cualidad inherente).
El río es un obstáculo, **flumen est i m p e d i m e n t o** (efecto que el río tiene con respecto a alguien).

279. DOBLE DATIVO. — Los verbos que llevan un dativo de finalidad o efecto, a menudo llevan también otro dativo expresando la persona interesada o afectada. Se da entonces una construcción de doble dativo: uno de cosa (finalidad o efecto) y otro de persona interesada o afectada:

Ea res nobis magno usui fuit, *esta cosa nos fue de mucha utilidad.*
Flumen est impedimento militibus, *el río es un obstáculo para los soldados.*

280. DATIVO AGENTE. — Se usa el dativo agente, en lugar del ablativo agente, en la conjugación perifrástica pasiva (formas verbales en **-ndus**) y a veces con los tiempos compuestos con el participio pasado:

Patria o m n i b u s amanda est, *la patria ha de ser amada por todos.*
Hoc m i h i auditum est, *esto ha llegado a mis oídos.*

EL ABLATIVO

281. SENTIDO FUNDAMENTAL. — El ablativo es, esencialmente, el caso de los distintos complementos circunstanciales de la oración, que en castellano se expresan mediante preposiciones. Tiene tres sentidos fundamentales, de los que se derivan los restantes:

SEPARATIVO, que indica separación, origen y punto de partida (pregunta *¿de dónde?*).

INSTRUMENTAL, indicando instrumento, medio y manera (pregunta *¿con qué?, ¿cómo?*).

LOCATIVO, indicando lugar en el espacio y momento en el tiempo (pregunta *¿dónde?, ¿cuándo?*).

282. ABLATIVO SEPARATIVO. — Se usa el ablativo separativo (ablativo propiamente dicho) en los casos siguientes:

1.º Para expresar el lugar donde empieza un movimiento (lugar *de dónde*, **locus unde**). Va sin preposición con nombres propios de ciudades e islas pequeñas y con los comunes **domus** y **rus**; con los demás nombres lleva las preposiciones **a** o **ab**, **e** o **ex**:

Domo venio, *vengo de casa*. **Redeo Athenis**, *vuelvo de Atenas*. **Venio ex urbe, ex Italia**, *vengo de la ciudad, de Italia*.

2.º Para indicar el origen con el verbo **nasci**, *nacer*, y con participios significando «hijo» o «descendiente de»:

Erat Iove natus, *era hijo de Júpiter*. **Belgae orti sunt ex Germanis**, *los belgas descienden de los germanos*.

3.º Para expresar alejamiento, privación, diferencia e ideas análogas:

Aristides expulsus est patria, *Arístides fué expulsado de su patria*.
Cura homines somno privat, *el cuidado priva a los hombres del sueño*.
Miserum est amicis carere, *es una desgracia carecer de amigos*.
Germani multum a Gallis differebant, *los germanos se distinguían mucho de los galos*.

4.º Como complemento de un comparativo, expresando el segundo término de la comparación:

Populus altior est quercu, *el álamo es más alto que la encina*.

283. EL ABLATIVO LOCATIVO. — El ablativo heredó del antiguo caso locativo la función de indicar el lugar «en donde» algo sucede, y análogamente el tiempo «en el que» o «cuando» algo sucede.

1.º Lugar en dónde (**locus ubi**). El lugar donde uno está o donde se realiza una acción, viene expresado:

a) En ablativo sin preposición con nombres propios de ciudad e islas pequeñas no pertenecientes al singular de la 1.ª o 2.ª declinaciones: **Athenis**, *en Atenas;* **Tarracone**, *en Tarragona.*

b) En locativo, con nombres propios de ciudad o isla pequeña del singular de la 1.ª o 2.ª declinaciones (1.ª declinación: **-ae**; 2.ª decl.: **-i**) y los nombres comunes **domus** y **rus** (**domi**, *en casa*, **ruri**, *en el campo*):

Romae, *en Roma;* **Sami**, *en Samos;* **Corinthi**, *en Corinto.*

c) En ablativo con **in** con nombres comunes y los propios de países e islas mayores (nombres de «lugar mayor»):

In Asia, *en Asia;* **in Italia**, *en Italia;* **in urbe**, *en la ciudad.*

2.º Ablativo de tiempo. — El momento o fecha en que se realiza una acción, como también el tiempo requerido para realizarla, se expresan en ablativo:

Veniet mense proximo, *vendrá el próximo mes.*
Sex diebus hostes expulit, *en seis días expulsó a los enemigos.*

284. Ablativo instrumental. — Bajo el concepto general de instrumento y manera, el ablativo puede expresar las ideas siguientes:

1.º El instrumento o medio con que se realiza una acción:

Cornibus tauri se tutantur, *los toros se defienden con los cuernos.*

Cuando el medio es una persona, se usa **per** y acusativo o se acude a una perifrasis con **opera**, **auxilio**: **Urbs per me servata est**; **urbs mea opera servata est**, *gracias a mí se salvó la ciudad.*

2.º El modo como se hace algo (pregunta ¿cómo?). El ablativo puede llevar la preposición **cum**:

Amicitiam magna fide colit, *cultiva la amistad con gran lealtad.*

3.º La compañía, contestando a la pregunta «¿con quién?» (regularmente con la preposición **cum**):

Cum patre profectus sum, *salí con mi padre.*
Rex omnibus copiis rediit, *el rey regresó con todas las tropas.*

4.º El sujeto agente de un verbo en pasiva. Si el nombre es de ser animado o cosa personificada, lleva la preposición **a** o **ab**:

Hannibal a Scipione victus est, *Aníbal fue vencido por Escipión.*
Miles telo vulneratus est, *el soldado fue herido por un dardo.*

5.º La cualidad de una persona o cosa, sobre todo si es accidental o externa (la cualidad inherente suele expresarse en genitivo, véase § 271):

Britanni sunt promisso capillo, *los britanos van con el cabello suelto.*

Distíngase: **bono animo esse**, *estar animado;* **vir magni animi**, *hombre de espíritu elevado.*

6.º El precio que una cosa vale, o por el que se compra o vende:

Hic liber constat viginti assibus, *este libro cuesta veinte ases.*

7.º La causa de que algo ocurra:

Hostes **m e t u** **oppidum deseruere,** *los enemigos abandonaron la ciudad por miedo.*

8.º La medida en que una cosa es superior o inferior a otra, y también la distancia a que una cosa se encuentra:

Duobus pedibus minor, *menor en dos pies.*

Tribus milibus passuum aberat, *distaba tres millas.*

285. Ablativo absoluto. — Un substantivo en ablativo, acompañado de un participio u otro nombre en función predicativa, expresa una determinación adverbial independiente del resto de la frase:

Hannibale duce, *siendo Aníbal general,* bajo el mando de Aníbal.

M. Tullio C. Antonio consulibus, *siendo cónsules* (bajo el consulado de) *Marco Tulio y Cayo Antonio.*

Trataremos con más detalle de este uso al hablar del participio (§ 333).

EL VERBO

286. Las Voces. — El verbo latino distingue, como el castellano, dos voces, activa y pasiva.

En la voz activa, la acción procede del sujeto y éste es, por tanto, agente: **ille amat,** *él ama.*

En la voz pasiva la acción recae sobre el sujeto, y éste es, por tanto, paciente: **ille amatur,** *él es amado.* Sobre la construcción de la oración pasiva, véase § 163.

287. Conversión de oraciones. — Una oración transitiva activa puede pasar a la voz pasiva poniendo el complemento directo en nominativo (sujeto paciente), y el sujeto en ablativo con **a** o **ab** si es nombre de ser animado o cosa personificada, sin preposición si es nombre de cosa (sujeto agente). Véase § 164.

288. La pasiva impersonal. — La 3.ª persona singular de los tiempos pasivos puede tener, en lugar de un sentido pasivo, sentido impersonal. Este uso es posible con todos los verbos, incluso los intransitivos. Véase § 165.

Pugnatur, *se lucha.* **Tibi nocetur,** *se te perjudica.*

289. Modos. — El modo **i n d i c a t i v o** expresa, en general, un hecho como real y objetivo. En el uso del indicativo el latín coincide con el castellano en la mayoría de los casos.

El modo **s u b j u n t i v o** expresa una acción como existente en el pensamiento o voluntad del que habla. Denota, por tanto: a) Exhortación, deseo, concesión o suposición; en estos casos la negación es **ne**. *b*) Duda, posibilidad e irrealidad; la negación en estos casos es **non**.

El modo imperativo expresa orden y mandato.

290. Usos principales del subjuntivo. — 1.º El Subjuntivo optativo expresa un deseo. Si es realizable, se usa el presente:

Sit tibi terra levis, *séate la tierra leve.*

Si el deseo es irrealizable, se expresa por el imperfecto (refiriéndose al presente) o por el pluscuamperfecto (refiriéndose al pasado):

Utinam viveret!, *¡ojalá viviera!*
Utinam ne victi essemus!, *¡ojalá no hubiéramos sido vencidos!*

2.º Subjuntivo de suposición y concesión. En el sentido del castellano «admitamos que», «supongamos que», se usa el presente o perfecto de subjuntivo (según se refiera al presente o al pasado):

Sit dives, at non est felix, *admitamos que sea rico, pero no es feliz.*

3.º El Subjuntivo potencial se usa en presente o perfecto, sin diferencia de sentido, para indicar algo que es posible, ahora o más tarde:

Haud facile dixerim, *no podría decir fácilmente.*

4.º El subjuntivo irreal expresa una acción que no ha llegado a cumplirse por no haberse realizado las necesarias condiciones; se usa el imperfecto si se refiere al presente, el pluscuamperfecto si se refiere al pasado:

Plura tibi scriberem, *te escribiría más largo.*
Plura tibi scripsissem, *te hubiera escrito más largo.*

291. Uso del imperativo. — El Imperativo presente se usa sólo en la 2.ª persona; en las demás, es substituido por el Presente de Subjuntivo:

Nosce te ipsum, *conócete a ti mismo.*
Nunc abi, *ahora vete.*
Eamus, *vamos.*

El imperativo futuro se usa sobre todo en las máximas, sentencias y leyes:
Tribuni plebis sancti sunto, *los tribunos de la plebe sean sacrosantos.*
Quod nimis est, fugito, *huye de lo que es excesivo.*

El imperativo negativo se expresa con **ne** y Presente o Perfecto de Subjuntivo:

Ne legeris, *no leas.* **Ne legat,** *no lea.*

También puede expresarse por medio de **noli** (o **nolite**, imperativo de **nolo**) e infinitivo:

Noli me tangere, *no me toques.* **Nolite me tangere,** *no me toquéis.*

292. Tiempos. — Una acción o estado puede ser, con respecto al tiempo, presente, pasada o futura. Los tiempos verbales del indicativo señalan esta circunstancia, y así hay tiempos presentes, pretéritos y futuros.

Debe tenerse en cuenta, además, el aspecto de la acción, y si ésta es momentánea (o incipiente), durativa o acabada. La acción se dice momentánea, si es considerada en el momento de producirse o empezar, sin ninguna idea de duración; durativa, si es considerada en su curso, ya empezada y todavía no terminada; acabada o perfecta, si se considera como ya efectuada.

De la combinación de estos dos puntos de vista deberían resultar nueve tiempos; pero el indicativo latino sólo tiene seis, puesto que el presente expresa a la vez la acción momentánea y la durativa en el presente; el futuro imperfecto, la momentánea y la durativa en el futuro, y el pretérito perfecto, la momentánea en el pasado y la acabada en el presente.

	Momentánea	Durativa	Acabada
PRESENTE	**video** *veo*	**video** *estoy viendo*	**vidi** *he visto*
PASADA	**vidi** *vi*	**videbam** *veía*	**videram** *había visto*
FUTURA	**videbo** *veré*	**videbo** *estaré viendo*	**videro** *habré visto*

293. El PRESENTE expresa: *a*) Acción presente, momentánea o durativa:

Accipio pecuniam, *recibo dinero.* **Etruriam discriminat via Cassia,** *la via Casia divide la Etruria.*

b) Acción habitual o periódica:

Cotidie scribo aliquid, *todos los días escribo algo.*

c) Una afirmación de valor general.

Omnes homines sunt mortales, *todos los hombres son mortales.*

d) En las narraciones animadas se refiere al pasado, substituyendo al perfecto (presente histórico):

Caesar in Illyricum proficiscitur, *César parte (partió) para la Iliria.*

294. El PRETÉRITO IMPERFECTO indica una acción que duraba en el pasado. Se usa:

1.º En las narraciones, para exponer una circunstancia que acompaña al hecho principal, expresado en perfecto o en presente histórico:

Caesar Alesiam circumvallare instituit. Ipsum e r a t oppidum in colle summo, cuius radices duo flumina s u b l u e b a n t, *César determinó circunvalar Alesia. La ciudad estaba asentada en lo alto de una colina cuya falda bañaban dos ríos.*

2.º Para expresar el intento de hacer una cosa:

Tribuni milites retinebant, *los tribunos intentaban contener a los soldados.*

3.º Para expresar una acción habitual y acostumbrada:

Romae quotannis bini consules creabantur, *en Roma se nombraban dos cónsules cada año.*

295. El PRETÉRITO PERFECTO indica a la vez acción momentánea en el pasado y acción cumplida en el presente. Se usa:

1.º Como el indefinido castellano, para indicar una acción realizada en el pasado (perfecto histórico):

Regulus in senatum venit et mandata exposuit, *Régulo se presentó al Senado y expuso su comisión.*

2.º Como el pretérito perfecto castellano, para expresar el estado actual resultante de una acción terminada (perfecto presente):

Dixi, *he dicho,* he terminado de hablar. **Vixerunt,** *han vivido,* ya no viven. **Perii,** *estoy perdido.* **Novi,** *he conocido* = conozco, sé.

3.º Para exponer verdades de experiencia, hechos pasados sobre los que se emite un juicio (perfecto gnómico):

Neminem pecunia beatum fecit, *el dinero no ha hecho feliz a nadie.*

296. El PRETÉRITO PLUSCUAMPERFECTO indica una acción ya cumplida al empezar otra acción también pasada:

Antonius eadem via, qua d i s c e s s e r a t, revertit, *Antonio regresó por el mismo camino por el que había partido.*

297. El FUTURO IMPERFECTO expresa una acción momentánea o durativa en el futuro:

Veniet pater, *el padre vendrá.* **Totam noctem pervigilabo,** *pasaré toda la noche en vela.*

298. El FUTURO PERFECTO expresa una acción que se imagina ya cumplida en un momento dado del futuro:

Perbrevi hanc epistulam scripsero, *en un momento tendré escrita esta carta.*

LA ORACION COMPUESTA

299. Dos o más oraciones pueden unirse para dar expresión a un pensamiento complejo, formando lo que se llama una oración compuesta.

Si cada una de las oraciones así enlazadas expresa un pensamiento independiente de las demás, de manera que pueda enunciarse solo sin que su sentido quede incompleto, decimos que estas oraciones están coordinadas:

César llegó a la Galia, allí había dos partidos, **Caesar in Galliam venit; ibi duae factiones erant.**

Pero si una de estas oraciones expresa un pensamiento que, incompleto por sí solo, hace función de complemento de otra oración, se dice de la primera que está subordinada a la segunda:

Cuando César llegó a la Galia, había allí dos partidos, **cum Caesar in Galliam venit, ibi duae factiones erant.**

300. ORACIONES COORDINADAS. — Las oraciones coordinadas se dividen, según la conjunción que las une, en: copulativas, disyuntivas, adversativas, causales e ilativas.

1.º La coordinación COPULATIVA se expresa por las conjunciones: **et, ac, atque, -que,** *y;* **etiam, quoque,** *también;* **nec, neque,** *y no;* **ne... quidem,** *ni.*

Las principales correlaciones copulativas son: **et ... et,** *ya ... ya, por una parte ... por otra parte;* **cum ... tum,** *no sólo ... sino especialmente;* **modo ... modo, tum ... tum,** *ya ... ya;* **neque ... neque,** *ni ... ni;* **non modo ... sed etiam,** *no sólo ... sino también.*

2.º La coordinación DISYUNTIVA se expresa por las conjunciones **aut, vel, -ve, sive, seu,** *o, o bien.*

3.º La coordinación ADVERSATIVA se expresa por las conjunciones **sed, at, autem, verum, vero,** *pero;* **tamen,** *sin embargo.*

4.º La coordinación CAUSAL se expresa por las conjunciones **nam, namque, enim, etenim,** *pues, puesto que, en efecto.*

5.º La coordinación ILATIVA, indicando el efecto o consecuencia de una afirmación anterior, se expresa por las conjunciones **ergo, igitur, itaque,** *así pues;* **quare, quamobrem,** *por ello, por lo cual;* **proinde,** *por tanto.*

301. LA YUXTAPOSICIÓN O ASÍNDETON. — Entre oraciones y palabras coordinadas, se suprime a veces la conjunción en los casos siguientes:

1.º En las narraciones vivaces: **veni, vidi, vici,** *llegué, vi, vencí.*

2.º Para subrayar un contraste entre dos pensamientos:

Ex propinquitate benevolentia tolli potest, ex amicitia tolli non potest, *del parentesco puede suprimirse el afecto, de la amistad no puede suprimirse.*

LA SUBORDINACION

302. CLASIFICACIÓN DE LAS ORACIONES SUBORDINADAS. — Las oraciones subordinadas desempeñan el papel de complemento de otra oración llamada principal. Su función puede compararse con bastante exactitud a la de los substantivos, adjetivos y adverbios (o complementos circunstanciales) en la oración simple. Podemos, pues, clasificarlas en:

a) SUBSTANTIVAS O COMPLETIVAS; equivalen a un substantivo y hacen el papel de sujeto o complemento directo de la oración principal:

Está claro que te equivocaste, **apertum est te erravisse.**

b) ADJETIVAS o de RELATIVO; equivalen a un adjetivo y califican o determinan un substantivo de la oración principal:

Los soldados que huyen, son cobardes, **ignavi sunt milites, qui fugiunt.**

c) ADVERBIALES O CIRCUNSTANCIALES; equivalen a un adverbio o a un complemento circunstancial y modifican la afirmación hecha en la oración principal expresando alguna circunstancia de tiempo, lugar, causa, finalidad, etc.:

Óyeme, antes de contestar, **audi me, priusquam respondes.**

ORACIONES COMPLETIVAS O SUBSTANTIVAS

303. CLASIFICACIÓN. — En latín hay las siguientes clases de oraciones completivas:

1.º Oraciones de infinitivo.

2.º Oraciones en subjuntivo con conjunciones (**ut, ne, quominus, quin**).

3.º Oraciones en subjuntivo sin conjunción.

4.º Oraciones en indicativo con **quod.**

5.º Oraciones interrogativas indirectas en subjuntivo.

Cuadro sinóptico		
Oraciones de Infinitivo	**Credo Deum esse sanctum**	*creo que Dios es santo*
Oraciones en Subjuntivo con conjunción **ut**	**Suadeo tibi ut legas**	*te aconsejo que leas*
ne	**Suadeo tibi ne legas**	*te aconsejo que no leas*
quominus	**Non impedio quominus tu proficiscaris**	*no impido que te marches*
quin	**Non dubito quin veniat**	*no dudo de que venga*
Oraciones en Subjuntivo sin conjunción	**Fac valeas**	*procura conservarte bien*
Oraciones en Indicativo con **quod**	**Gaudeo quod vales**	*me alegro de que estés bien*
Oraciones Interrogativas indirectas	**Dic mihi qui sis**	*dime quién eres*

ORACIONES DE INFINITIVO

304. CONCEPTO. — El infinitivo es una forma nominal del verbo, que puede desempeñar las funciones de sujeto o complemento de un verbo principal, como si fuera un substantivo. Así en castellano podemos decir:

Oigo a tu hermano.
Oigo cantar.

Tanto *cantar* como *a tu hermano* son complementos directos de *oigo*. Refiriendo los dos complementos a un solo verbo, tenemos:

Oigo cantar a tu hermano.

Aquí el verbo *oigo* tiene dos complementos: un infinitivo, *cantar*, y un substantivo, *a tu hermano*. Pero nótese que este segundo complemento puede considerarse también como sujeto del infinitivo *cantar;* y así podemos decir:

Oigo que tu hermano canta.

Vemos, pues, que aquel doble complemento equivale a una oración completiva introducida por la conjunción *que*.

El mismo uso encontramos en latín: un infinitivo y un nombre en acusativo que representa al mismo tiempo el sujeto del infinitivo:

Video te ridere, *te veo reir* (veo que tú ríes).
Iubeo omnes abire, *mando marchar a todos* (mando que todos se marchen).

Pero así como en castellano esta construcción sólo es posible en frases sencillas, en latín adquiere una complicación mucho mayor.

305. CONSTRUCCIÓN. — Una serie de verbos que en castellano suelen llevar por complemento directo una oración subordinada introducida por la conjunción *que*, en latín rigen una oración cuyo verbo está en indicativo y su sujeto en acusativo:

Credo Deum esse sanctum, *creo que Dios es santo.*
Putat se recte fecisse, *cree que ha obrado bien.*
Speramus vos mox esse reversuros, *esperamos que volveréis pronto.*

Para traducir estas oraciones al castellano:

1.º Se antepone la conjunción *que*.

2.º Se toma como sujeto el acusativo.

3.º Se pone el infinitivo en el tiempo personal correspondiente.

306. USO. — Rigen oraciones de infinitivo:

a) Los verbos de *lengua*, significando «decir», «afirmar», «negar», «anunciar», «prometer», etc.

Iuramus nos esse innocentes, *juramos que somos inocentes.*

b) Los verbos de *entendimiento*, significando «pensar», «creer», «saber», «ver», «oír», etc.

Helvetii angustos se fines habere arbitrabantur, *creían los helvecios que tenían un territorio insuficiente.*

c) Los verbos de *afecto*, significando «alegrarse», «dolerse», «indignarse», «quejarse», etc.:

Gaudeo te valere, *me alegro de que estés bien.*

d) Los verbos de *voluntad*, significando «querer», «no querer», «preferir», «desear», «mandar», «prohibir», «permitir»», etc.:

Caesar milites pontem facere iussit, *César mandó que los soldados construyesen un puente.*

e) Algunas expresiones y verbos impersonales, como **oportet,** *conviene,* **licet,** *es permitido,* **necesse est, opus est,** *es necesario,* **constat,** *es sabido:*

Legem brevem esse oportet, *conviene que la ley sea breve.*

307. Uso de los tiempos. — En estas oraciones se usa el infinitivo presente, perfecto o futuro, según que la acción sea contemporánea, pasada o futura con respecto al verbo principal:

	Acción contemporánea	Acción anterior	Acción posterior
Dico *Digo*	**hostes venire** *que los enemigos vienen*	**hostes venisse** *que los enemigos han venido*	**hostes venturos esse** *que los enemigos vendrán*
Dixi *Dije*	**hostes venire** *que los enemigos venían*	**hostes venissē** *que los enemigos habían venido*	**hostes venturos esse** *que los enemigos vendrían (habían de venir)*

308. Oraciones de infinitivo concertadas. — En la frase:

Dicitur cervos diutissime vivere, *dícese que los ciervos viven mucho tiempo,* el sujeto de dicitur es toda la oración **cervos diutissime vivere;** dicitur está, pues, usado impersonalmente. Pero lo más corriente en estos casos es que el verbo principal tome como sujeto el del infinitivo, y este sujeto se pone, naturalmente, en nominativo:

Cervi diutissime vivere dicuntur, lit.: *los ciervos son dichos vivir mucho tiempo.*

Esta construcción de Infinitivo con sujeto en nominativo (oraciones de infinitivo concertadas) se encuentra especialmente con **videri,** *parecer,* y una serie de verbos en pasiva, **dicor, nuntior, putor, existimor, iubeor,** etc.:

Videris deceptus esse, literal.: *pareces haber sido engañado,* o sea, *parece que has sido engañado.*

Homerus caecus fuisse dicitur, lit.: *Homero es dicho haber sido ciego,* o sea, *se dice que Homero fué ciego.*

ORACIONES COMPLETIVAS EN SUBJUNTIVO CON CONJUNCION

309. 1.º Llevan una oración completiva en subjuntivo con **ut,** *que,* o **ne,** *que no,* los verbos significando «pedir», «querer», «suceder», «hacer», «obligar», «exhortar», etc.:

Opto ut beatus sis, *deseo que seas feliz.*

Dux milites obsecrat, ne se deserant, *el general suplica a los soldados que no le abandonen.*

Evenit ut nemo adesset, *resultó que no había nadie.*

Perfeci, ne quis fugeret, *conseguí que nadie huyera.*

2.º Los verbos y expresiones significando «temer» (**timere, metuere, vereri, in timore esse, periculum est,** etc.), llevan una oración completiva en subjuntivo introducida con **ne** si se teme que la cosa suceda, y con **ut** (o **ne non**) si se teme que la cosa no suceda:

Timeo, ne hostis veniat, *temo que el enemigo venga.*

Timeo, ut socii veniant, *temo que los aliados no vengan.*

3.º Los verbos significando «impedir», «prohibir» y «dudar», llevan oraciones completivas en subjuntivo introducidas por **ne, quominus** o **quin:**

Impedio, ne abeant, *impido que se marchen.*

Quid obstat, quominus sis beatus? *¿qué se opone a que seas feliz?*

Non dubito, quin valeat, *no dudo que está bien de salud.*

ORACIONES COMPLETIVAS EN SUBJUNTIVO SIN CONJUNCIÓN

310. Los verbos que habitualmente rigen una oración completiva en subjuntivo con **ut** (véase § 309, 1.º), a veces omiten esta conjunción:

Te moneo, videas quid agas, *te aconsejo que pienses en lo que haces.*

Esta construcción es particularmente frecuente con los imperativos **cave,** *guárdate de,* **fac,** *procura,* con **volo** y sus compuestos, y con los impersonales **licet,** *es permitido,* **oportet,** *conviene,* **necesse est,** *es necesario:*

Cave facias, *guárdate de hacer.* **Fac valeas,** *procura conservarte bien.* **Vincatis oportet,** *conviene que venzáis.* **Rideamus licet,** *nos es permitido reír.*

ORACIONES INTERROGATIVAS INDIRECTAS

311. Se llama i n d i r e c t a una oración interrogativa, cuando depende de un verbo significando «preguntar», «saber», «decir», etc. En latín estas oraciones van siempre en subjuntivo:

Nescio, quo me vertam, *no sé adónde volverme.*

Si la interrogación versa sobre la totalidad de la oración, ésta va introducida por **num** o **-ne** (enclítica). En castellano estas partículas se traducen por *si.*

Videamus rectene iudicaveris, *veamos si has juzgado bien.*

Dic mihi, num venerit, *dime si ha venido.*

Si la interrogación versa sobre un elemento de la oración, ésta va introducida por un pronombre o adverbio interrogativo, **quis, quid, uter, cur, ubi,** etc.:

Nescio, quid agatis, *no sé qué hacéis.*

Dux interrogavit, cur legati ad se venissent, *el general preguntó por qué los legados habían venido ante él.*

312. Si la interrogación es d o b l e, el primer miembro va introducido por **utrum, -ne** o ninguna partícula, y el segundo por **an** o **-ne** (si es negativa por **necne**):

Multum interest, utrum civis sis an peregrinus, *hay mucha diferencia entre ser ciudadano o extranjero.*

ORACIONES COMPLETIVAS EN INDICATIVO CON **quod**

313. Algunos verbos llevan una oración completiva introducida por **quod**, significando «que», «el que», «el hecho de». La completiva suele ir en indicativo:

Multum hostes adiuvabat, quod flumen nivibus creverat, *ayudaba mucho a los enemigos la circunstancia de haber crecido el río con las nieves.*

Id tibi vitium maximum est, quod nimis tardus es, *éste es tu mayor defecto, que eres demasiado tardo.*

ORACIONES DE RELATIVO

314. CONCEPTO. — Oraciones adjetivas o de relativo son las que determinan o califican a un substantivo o pronombre de la oración principal, llamado antecedente. La referencia al antecedente se hace por medio de:

a) El relativo **qui, quae, quod.**

b) Los relativos indefinidos **quisquis, quicumque, qualis, quantus, quot.**

c) Adverbios relativos de lugar, **ubi, quo, unde,** etc.

Duas vias occupavit, quae ad portum ferebant, *ocupó los dos caminos que conducían al puerto.*

Quidquid habemus, Deo debemus, *todo lo que tenemos, lo debemos a Dios.*

Caesar in Lingones contendit, ubi duae legiones hiemabant, *César se dirigió al país de los lingones, donde invernaban dos legiones.*

315. REGLA DE CONCORDANCIA. — El pronombre relativo concierta con su antecedente en género y número; en cuanto al caso, adopta el que le corresponde según el papel que desempeña en su oración.

Duas vias occupavit
Ocupó los dos caminos

- **quae ad portum ferebant,** *que llevaban al puerto*
- **quas hostis sine custodiis reliquerat,** *que el enemigo había dejado sin custodia*
- **quarum una angusta erat,** *uno de los cuales era angosto.*
- **quibus nullae custodiae praesidio relictae erant,** *a los que no se había dejado ningún centinela como protección*
- **quibus hostes exierant,** *por los que había salido el enemigo*
- **in quibus nullae custodiae erant,** *en los que no había ningún centinela.*

316. EL MODO EN LAS ORACIONES DE RELATIVO. — Las oraciones de relativo que se limitan a determinar o calificar a su antecedente, van por lo común en indicativo.

Van en subjuntivo si dependen de una oración de infinitivo o de subjuntivo (atracción modal, véase § 336), y, sobre todo, cuando equivalen a una oración circunstancial:

Missi sunt delecti cum Leonida, qui (= **ut ii**) **Thermopylas occuparent,** *fueron enviados con Leónidas soldados escogidos, para que* (los cuales) *ocuparan las Termópilas* (relativa con valor final).

Non is sum, qui (= **ut ego**) **mortis periculo terrear,** *no soy tal que me deje asustar por el peligro de morir* (relativa con valor consecutivo).

Miseret tui me, qui (= **cum tu**) **hoc facias,** *te compadezco porque haces esto* (relativa con valor causal).

ORACIONES ADVERBIALES O CIRCUNSTANCIALES

317. CONCEPTO. — Las oraciones adverbiales o circunstanciales desempeñan, con respecto a la oración principal, la misma función que los adverbios o complementos circunstanciales en la oración simple.

Se clasifican en:

1.º Finales 2.º Consecutivas	en Subjuntivo
3.º Causales 4.º Temporales 5.º Condicionales 6.º Concesivas 7.º Comparativas	en Indicativo y Subjuntivo

318. ORACIONES FINALES. — Las oraciones finales expresan el fin o la intención con que se hace lo que afirma la oración principal.

El modo es siempre el subjuntivo, y las conjunciones usadas son: **ut,** *para, para que;* **quo** (con un comparativo), *para, para que;* **ne,** *para no, para que no.*

Edo ut vivam, non vivo, ut edam, *como para vivir, no vivo para comer.*

Captivus fugit, ne necaretur, *el cautivo huyó, para no ser muerto.*

Pompeius ignes fieri prohibuit, quo occultius esset eius adventus, *Pompeyo prohibió que se encendieran hogueras, para que fuera más oculta su llegada.*

319. ORACIONES CONSECUTIVAS. — Las oraciones consecutivas son, en realidad, oraciones de modo: indican la manera o grado con que ocurre lo dicho en la principal, expresando una consecuencia que ello tiene.

Van siempre en subjuntivo, y las conjunciones son: **ut,** *que,* **ut non,** *que no.*

En la oración principal hay casi siempre un pronombre o adverbio en correlación con la conjunción: **is, eiusmodi, talis, tantus, ita, sic, tam, adeo**, etc. (*tal, tanto, de tal modo, así, hasta tal punto*, etc.).

Nullus liber est tan malus, ut non aliqua parte prosit, *ningún libro es tan malo que no aproveche en algún sentido.*

Pomponius Atticus sic Graece loquebatur, ut Athenis natus videretur, *Pomponio Atico hablaba el griego de tal manera, que parecía nacido en Atenas.*

320. ORACIONES CAUSALES. — Las oraciones causales expresan la causa real de lo que se dice en la oración principal.

El verbo suele ir en indicativo con las conjunciones **quod, quia, quoniam,** *porque*, y en subjuntivo con la conjunción **cum**, *como, como sea que.*

Dux milites pro castris collocavit, quod hostes appropinquabant, *el general dispuso los soldados ante el campamento, porque los enemigos se acercaban.*

Cum sis mortalis, quae sunt mortalia, cura, *puesto que eres mortal, cúidate de las cosas mortales.*

321. ORACIONES TEMPORALES. — Las oraciones temporales indican el tiempo en que se verifica lo dicho en la oración principal.

Las más veces, el modo es el indicativo, aunque también se usa el subjuntivo. Van con indicativo las conjunciones **ubi**, *cuando*, **ut, simul ac, statim ac,** *tan pronto como, luego que*, **postquam**, *después que*. Van con indicativo o subjuntivo: **cum**, *cuando, como*, **antequam, priusquam**, *antes que*, **dum, donec, quoad**, *mientras, hasta que.*

Postquam equitatus noster in conspectum venit, hostes terga verterunt, *después que apareció nuestra caballería, los enemigos volvieron la espalda.*

Dum haec geruntur, qui erant in agris discesserunt, *mientras ocurren estas cosas, los que estaban en los campos se marcharon.*

322. EL **cum** HISTÓRICO. — **Cum** va con subjuntivo cuando al sentido temporal se le combina un matiz causal. Los tiempos son: imperfecto si la acción es contemporánea a la principal; pluscuamperfecto, si es anterior.

Este uso de **cum** es frecuentísimo en las narraciones, y en castellano puede traducirse por medio del gerundio: simple, si el verbo está en imperfecto, compuesto si está en pluscuamperfecto:

C. Marius, cum omnes portus terrasque fugeret, in Africam pervenit, *huyendo C. Mario de todos los puertos y de todas las tierras, llegó al África.*

Diu cum esset pugnatum, castris nostri potiti sunt, *habiéndose luchado largo tiempo, los nuestros se apoderaron del campamento.*

323. ORACIONES CONDICIONALES. — Las oraciones condicionales expresan una condición de cuyo cumplimiento depende la realidad de lo que se afirma

en la principal. La frase que resulta de la unión de una oración principal y una condicional se llama período hipotético. Éste consta, pues, de una oración subordinada, llamada prótasis, y una principal llamada apódosis, que indica la consecuencia de aquélla.

Las conjunciones son: **si**, *si, caso de;* **nisi (ni)**, *si no;* **si non**, *si no.*

324. El MODO verbal depende de que la condición se considere como real, posible o imposible. Distinguiremos, pues, tres formas en el período hipotético.

1.º Forma real. Aunque no se emite un juicio sobre la realidad de la condición, se afirma que, de ser ésta cierta, se seguirá necesariamente la consecuencia expresada en la oración principal. El verbo va en indicativo en la subordinada; en indicativo (pero también en imperativo o subjuntivo) en la principal:

> **Si hoc credis, erras,** *si crees esto, te equivocas.*
> **Si peccavit, puniatur,** *si pecó, sea castigado.*

2.º Forma posible. La condición se considera sólo posible, y por tanto también posible la consecuencia.

El verbo va, tanto en la principal como en la subordinada, en subjuntivo presente o perfecto.

> **Si hoc credas, erres,** *si creyeres esto, te equivocarías.*

3.º Forma irreal. La condición se considera irreal o imposible, y por tanto también se considera imposible la consecuencia.

El verbo, tanto en la principal como en la subordinada, va en subjuntivo imperfecto si se refiere al presente, y en subjuntivo pluscuamperfecto, si se refiere al pasado.

> **Si hoc crederes, errares,** *si esto creyeras, te equivocarías.*
> **Si hoc credidisses, erravisses,** *si esto hubieras creído, te hubieras equivocado.*

325. ORACIONES CONCESIVAS. — Las oraciones concesivas exponen una objeción a lo dicho en la oración principal, indicando a la vez que, a pesar de todo, dicha objeción no invalida lo afirmado en aquélla.

El verbo va en indicativo o subjuntivo según las conjunciones usadas. En indicativo con: **quamquam, etsi, tametsi,** *aunque;* en subjuntivo con **quamvis,** *por más que,* **licet, ut, cum,** *aunque.*

En la oración principal suele haber **tamen, attamen, nihilominus,** *sin embargo,* en correlación con la conjunción.

> **Innocens, quamquam abest a culpa, tamen saepe suspicione non caret,** *el inocente, aunque exento de culpa, a menudo da lugar a sospechas.*
> **Quamvis dives sis, beatus non es,** *por rico que seas, no eres feliz.*

326. ORACIONES COMPARATIVAS. — Las oraciones comparativas determinan, mediante una comparación, el modo o el grado de lo dicho en la principal.

El verbo va en indicativo si sólo se expresa una idea de comparación; en subjuntivo, si con la idea comparativa se combina una suposición.

Llevan indicativo las conjunciones **quam, atque,** *que;* **ut, sicut, velut,** *como;* y los pronombres indefinidos **qualis,** *cual,* **quantus,** *como.* Llevan subjuntivo: **tamquam, quasi, proinde quasi, perinde ac si,** *como si.*

> **Ut optasti, ita est,** *tal como deseaste, así es.*

Non aliter hodie cogitat, quam olim cogitabat, *no piensa hoy distintamente de lo que antes pensaba.*

Ita victi loquuntur, quasi vicissent, *vencidos, hablan como si hubiesen sido vencedores.*

FORMAS NOMINALES DEL VERBO

327. El INFINITIVO es una forma substantiva del verbo. Como substantivo, puede usarse en función de nominativo y acusativo, y puede, por tanto, desempeñar las funciones de sujeto y complemento directo de otro verbo.

Infinitivo sujeto: **Turpe est mentiri,** *mentir es vergonzoso.*

Invidere non cadit in sapientem, *envidiar no sienta bien a un sabio.*

Infinitivo complemento directo: **Vincere scis,** *sabes vencer.*

Dicere possum, *puedo decir.* **Mentiri solet,** *suele mentir.*

328. INFINITIVO HISTÓRICO. — El infinitivo presente puede emplearse, en las narraciones vivaces, con el valor del pretérito imperfecto. Su sujeto va en nominativo:

Cotidie Caesar Aeduos frumentum flagitare, *todos los días César pedía trigo a los eduos.*

329. El GERUNDIO es un substantivo verbal que sirve para declinar el infinitivo, supliendo los casos que a éste le faltan. En acusativo lleva siempre preposición (generalmente ad). Así tenemos:

Nom.	**Discere est difficile,** *aprender es difícil.*
Ac.	**Volo discere,** *quiero aprender.*
—	**Paratus ad discendum,** *dispuesto a aprender.*
Gen.	**Cupido discendi,** *deseo de aprender.*
Dat.	**Aptus discendo,** *apto para aprender.*
Abl.	**Proficere discendo,** *sacar provecho aprendiendo.*

El gerundio latino se traduce, pues, por el infinitivo castellano, excepto en ablativo, en el que puede traducirse por gerundio.

330. El GERUNDIVO es un adjetivo verbal con sentido pasivo. Indica algo que debe o puede ser hecho. Siendo adjetivo, concierta con el nombre a que se refiere en género, número y caso. Se traduce por infinitivo activo, tomando el nombre como complemento directo:

Cupidus litterarum discendarum, *deseoso de aprender las letras.*

Locum urbi condendae quaesivit, *buscó un lugar para fundar una ciudad.*

El gerundivo con ad equivale a una oración final:

Ad firmandam novam civitatem Romulus Sabinas virgines rapi iussit, *Rómulo mandó raptar a las doncellas Sabinas, para robustecer la nueva ciudad.*

331. El SUPINO es un substantivo verbal del que sólo quedan dos casos: un acusativo en **-um** y un dativo en **-u** (alguna vez **-ui**). Como el gerundio, se traduce por el infinitivo. No todos los verbos tienen supino, y sólo unos pocos poseen la forma en **-u**.

1.º El supino en **-um** se usa como complemento de finalidad con verbos de movimiento; es, en realidad, un acusativo de dirección:

Eo lusum, *voy a jugar.*

2.º El supino **-u** se encuentra dependiendo de algunos adjetivos, como **fas**, *lícito*, **nefas**, *ilícito*, **facilis**, *fácil*, **difficilis**, *difícil*, etc.:

Facile dictu, *fácil de decir.*
Suavis auditu, *agradable de oír.*

332. El PARTICIPIO es un adjetivo verbal. Como adjetivo que es, se refiere siempre a un substantivo, con el que concierta en género, número y caso; como verbo, posee (aunque de un modo incompleto) formas para las distintas voces y tiempos.

El substantivo con el que concierta el participio, es el sujeto de la idea verbal expresada por éste y puede, por tanto, considerarse como sujeto del participio. La construcción de participio equivale a una oración subordinada, y como tal debe traducirse en muchos casos:

Homini nihil agenti dies est longus, *el día es largo para el hombre que no hace nada* (or. de relativo).

Dux hortatus suos proelium commisit, *el general, después de exhortar a los suyos, empeñó el combate* (or. de tiempo).

Quis potest, mortem metuens, esse non miser? *¿Quién puede dejar de ser desgraciado, si teme la muerte?* (or. condicional).

333. PARTICIPIO CONCERTADO Y ABSOLUTO. — Si el nombre a que se refiere el participio forma parte de la oración, se pone en el caso requerido por la función que desempeña, y el participio concierta con él (Participio concertado).

Si el nombre a que se refiere el participio no forma parte esencial de la oración, se pone en ablativo y junto con el participio forma la construcción llamada ABLATIVO ABSOLUTO (véase § 285).

Compárese:

Participio concertado	*Ablativo absoluto*
Rex vulneratus cecidit, *el rey cayó herido.*	**Rege vulnerato, omnes fugerunt,** *herido el rey, todos huyeron.*
Regis vulnerati equus effugit, *el caballo del rey herido escapó.*	
Regi vulnerato nemo succurrit, *nadie socorrió al rey herido.*	
Regem vulneratum hostes ceperunt, *los enemigos apresaron al rey herido.*	

ESTILO DIRECTO E INDIRECTO

334. ESTILO INDIRECTO es el procedimiento por el cual se reproducen las palabras dichas por otro, no repitiéndolas textualmente, sino haciéndolas depender de un verbo de «decir» o «pensar» y, en consecuencia, cambiando la forma de sus verbos y pronombres.

335. REGLAS DEL ESTILO INDIRECTO. — Para expresar un discurso en estilo indirecto, se observan las siguientes reglas:

1.ª Las oraciones independientes aseverativas pasan al infinitivo con sujeto en acusativo.

Exploratores nuntiaverunt: hostis adest, *los exploradores anunciaron: el enemigo está aquí.*

Exploratores nuntiaverunt h o s t e m a d e s s e, *los exploradores anunciaron que el enemigo estaba aquí.*

2.ª Las oraciones independientes exhortativas van en subjuntivo:

Antonius Attico scripsit: Ne timueris, statimque ad me veni, *Antonio escribió a Ático: No temas y ven a mi lado en seguida.*

Antonius Attico scripsit, ne t i m e r e t statimque ad se v e n i r e t, *Antonio escribió a Ático que no temiera y fuera en seguida a su lado.*

3.ª Las oraciones subordinadas pasan al subjuntivo siguiendo las reglas de la *consecutio temporum* (véase § 337):

Quidquid fratri placet, id rectum puto, *todo lo que place a mi hermano, me parece bien.*

Quintus aiebat, quidquid fratri p l a c e r e t, id rectum se p u t a r e, *Quinto decía que todo lo que pluguiera a su hermano, le parecía bien.*

4.ª Las interrogaciones van todas en subjuntivo, excepto si son retóricas (o sea, si equivalen a una afirmación o negación), en cuyo caso van en infinitivo con acusativo sujeto.

Cur de vestra virtute desperatis?, *¿por qué desesperáis de vuestro valor?*

Caesar milites interrogavit, cur de sua virtute d e s p e r a r e n t, *César preguntó a los soldados, por qué desesperaban de su valor.*

Quid est levius aut turpius?, *¿qué cosa hay más frívola o vergonzosa?* (sentido: no hay cosa más frívola o vergonzosa).

Interrogavit, quid e s s e levius aut turpius.

5.ª Todos los pronombres de 1.ª y 2.ª persona, pasan a la 3.ª; los que se refieren al sujeto que habla y, por tanto, van en 1.ª persona en el estilo directo, se substituyen por el reflexivo **se.**

336. ATRACCIÓN MODAL. — Una oración subordinada que por su sentido debería ir en indicativo, se pone en subjuntivo si depende de una oración principal en infinitivo o subjuntivo.

Compárese:

Vir bonus est is, qui prodest, quibus potest, nocet nemini, *hombre de bien es el que favorece a los que puede y no daña a nadie.*

Dicimus eum bonum virum e s s e, qui p r o s i t, quibus p o s s i t, n o c e a t nemini, *decimos que es hombre de bien el que, etc.*

LA CONCORDANCIA DE LOS TIEMPOS

(Consecutio temporum)

337. Los tiempos de la oración subordinada se rigen sobre los de la principal según unas determinadas reglas de concordancia. La observancia de estas reglas es particularmente estricta en las subordinadas en subjuntivo.

1.º Si el verbo principal está en

PRESENTE o FUTURO	el verbo subordinado va en.	PRESENTE SUBJ. si la acción es contemporánea. PERFECTO SUBJ. si es anterior. PRESENTE SUBJ. de la PERIFRÁSTICA ACTIVA si es posterior.

2.º Si el verbo principal está en

TIEMPO PASADO (Imperfecto, Perfecto o Pluscuamperfecto)	el verbo subordinado va en. .	IMPERFECTO SUBJ., si la acción es contemporánea. PLUSCUAMPERFECTO SUBJ. si es anterior. IMPERFECTO SUBJ. de la PERIFRÁSTICA ACTIVA si es posterior.

Así:

Scio, *sé* **Sciam**, *sabré* **Scivero**, *habré sabido*	**quid facias**, *qué haces.* **quid feceris**, *qué hiciste.* **quid facturus sis**, *qué harás o has de hacer.*
Sciebam, *sabía* **Scivi**, *supe* **Sciveram**, *había sabido*	**quid faceres**, *qué hacías.* **quid fecisses**, *qué habías hecho.* **quid facturus esses**, *qué habías de hacer.*

APENDICE I

EL CALENDARIO ROMANO
PESOS, MEDIDAS, MONEDAS

Abreviaturas

El calendario romano. — El año romano se divídia a partir de Julio César, en doce meses, designados por medio de adjetivos:

Ianuarius, Februarius, Martius, Aprilis, Maius, Iunius, Iulius (así llamado en honor de Julio César; antes de éste se llamaba **Quinctilis**), **Sextilis** (después de Augusto fué llamado, en su honor, **Augustus**), **September, October, November, December.**

Cada mes tenía tres fechas fijas: las *calendas,* **Kalendae** (abreviado **Kal.**), el día 1.º; las *nonas,* **Nonae** (abrev. **Non.**), el día 5; las *idus,* **Idus** (abrev. **id.**), el día 13. En los meses de marzo, mayo, julio y octubre *(mar-ma-jul-oc),* las dos últimas fechas se retrasaban dos días, las nonas el 7 y las idus el 15.

Para dar una fecha en latín se siguen las reglas siguientes:

1.º Las fechas fijas se designaban por su nombre seguido del adjetivo designando el mes:

Kalendae ianuariae (Kal. ian.), el 1.º de enero; **nonae februariae (non. feb.)** el 5 de febrero; **idus decembres (id. dec.)**, el 13 de diciembre.

2.º El día anterior a una fecha fija se designaba con **pridie** seguido del nombre de ésta en acusativo; el día posterior a una fecha fija, se podía indicar por medio de **postridie** seguido también de acusativo:

Pridie kalendas ianuarias (prid. kal. ian.), el 31 de diciembre; **pridie nonas martias (prid. non. mar.)**, el 6 de marzo; **pridie idus novembres (prid. id. nov.)**, el 12 de noviembre.

Postridie kalendas maias, el 2 de mayo; **postridie nonas iulias**, el 8 de julio; **postridie idus novembres**, el 14 de noviembre.

3.º Para indicar las demás fechas, se contaban los días que faltaban para la fecha fija siguiente (contando también el día de ésta) y se decía: *el día tantos* (numeral ordinal) *antes de las calendas (nonas o idus) de tal mes.* Así, el 30 de enero: **die tertio ante kalendas februarias,** *el tercer día antes de las calendas de febrero.* Pero en lugar de esta construcción regular, se dice por una especie de atracción: **ante diem tertium kalendas februarias (a. d. III. kal. feb.)**. Así:

Ante diem quintum kalendas ianuarias (a. d. V. kal. ian.): el 28 de diciembre.
Ante diem tertium nonas februarias (a. d. III. non. feb.), el 3 de febrero.
Ante diem septimum idus martias (a. d. VII. id. mar.), el 9 de marzo.
Ante diem quartum decimum kalendas sextilis (a. d. XIV. kal. sex.), el 19 de julio.

Cálculo de las horas. — 1.º *Del día.* El día se dividía en doce horas, de la salida a la puesta del sol; su duración era, pues, variable según las estaciones. La hora séptima empezaba siempre a las 12.

2.º *De la noche.* La noche se dividía en cuatro *velas* (**vigiliae**), desde la puesta del sol al amanecer del día siguiente; su duración era también variable y la **tertia vigilia** empezaba siempre a media noche.

PESOS. — La unidad de peso era la libra, equivalente a 327 gramos. Se dividía según el sistema duodecimal; la duodécima parte de la libra era la uncia (onza). He aquí las divisiones de la libra, con su equivalencia en gramos:

1 uncia,	1/12 libras		27	gramos
1 sextans,	2 unciae o	1/6 libra	54	»
1 quadrans,	3 unciae o	1/4 libra	81	»
1 triens,	4 unciae o	1/3 libra	109	»
1 quincunx,	5 unciae o	5/12 libra	136	»
1 semis,	6 unciae o	1/2 libra	163	»
1 septunx,	7 unciae o	7/12 libra	191	»
1 bes,	8 unciae o	2/3 libra	218	»
1 dodrans,	9 unciae o	3/4 libra	245	»
1 dextans,	10 unciae o	5/6 libra	272	»
1 deunx,	11 unciae o	11/12 libra	300	»
1 libra,	12 unciae		327	»

MEDIDAS DE LONGITUD. — La unidad para las pequeñas longitudes era el pes, igual a 0,2957 m. (aproximadamente 30 centímetros). La unidad superior para largas distancias era la milla (mille passus, plural milia passuum), equivalente a 1478 m. (aproximadamente un kilómetro y medio). He aquí una tabla de medidas de longitud:

1 digitus	1/4 palmus	0,018	metros
1 palmus	4 digiti o 1/4 pes	0,07	»
1 pes	16 digiti o 4 palmi	0,2957	»
1 palmipes	20 digiti o 1 1/4 pes	0,37	»
1 cubitus	24 digiti o 1 1/2 pes	0,44	»
1 passus	5 pedes	1,48	»
mille passus	1000 passus	1478	»

MEDIDAS DE SUPERFICIE. — La unidad era el pes quadratus, cuadrado de un pie de lado, igual a 0,08 m². La medida agraria más usada era el iugerum, extensión de tierra que una yunta de bueyes puede arar en un día; el iugerum formaba un rectángulo de 240 pies de largo por 120 de ancho, o sea 28,800 pedes quadrati, equivalentes a 2518 m² (aproximadamente 25 áreas).

MEDIDAS DE CAPACIDAD. — 1.° *Para líquidos.* La unidad era el amphora o quadrantal, igual a 26 litros. El amphora tenía 8 congii, 48 sextarii, 96 heminae, 192 quartarii, 576 cyathi. He aquí las equivalencias:

1 cyathus		0,04	litros
1 quartarius	3 cyathi	0,14	»
1 hemina	2 quartarii o 6 cyathi	0,27	»
1 sextarius	2 heminae o 12 cyathi	0,55	»
1 congius	6 sextarii o 1/8 amphora	3	»
1 amphora	8 congii	26	»

2.° *Para áridos.* La unidad principal era el modius, igual a 8,75 litros y equivalente a 16 sextarii. Sus subdivisiones son las mismas que las del amphora. El quadrantal vale tres modii.

SISTEMA MONETARIO. — La unidad monetaria era el as, pieza de cobre que teóricamente pesaba una libra, pero cuyo peso real fue al principio de 10 unciae, después de 4 y finalmente de una. Sus subdivisiones eran las mismas que las de la libra.

A partir del año 268 a. de J. C. se acuñaron las monedas de plata siguientes: denarius = 10 asses; quinarius = 5 asses; sestertius o nummus = 2 ½ asses.

El sestertius se convirtió en la moneda más usual; su valor puede calcularse (aunque semejante cálculo es muy impreciso, dado el distinto valor de la moneda) en 25 céntimos de peseta.

Mil sextercios se decía **mille sestertium** (genit. pl. véase § 29, 5.º). Pero para indicar millares de sextercios se usaba generalmente el substantivo neutro pl. **sestertia**, suprimiendo **mille**, de modo que **sestertia** vino a significar *milles de sextercios*. Así **sestertia septum**, *siete mil sextercios*.

Un millón de sextercios se dice **decies centena milia sestertium** (diez veces cien mil sextercios). En la práctica se omite **centena milia** después de los adverbios **decies, vicies, tricies**, etc., y se emplea **sestertium** como substantivo significando 100.000 sextercios: **decies sestertium**, 1.000.000 sext.; **vicies sestertium**, 2.000.000 sext.; **centies sestertium**, 10.000.000 sext.

Hacia el fin de la república se empezaron a acuñar monedas de oro. El **aureus** de César valía 25 *denarii* de plata.

Abreviaturas. — 1.ª *Los Nombres*. El ciudadano romano tenía tres nombres: un **praenomen** (equivalente al nombre de pila), un **nomen** (**nomen gentilicium** o nombre de familia) y un **cognomen** (sobrenombre). El **praenomen** sólo se escribía con todas sus letras cuando iba solo; usado ante el **nomen** o el **cognomen** se escribía siempre abreviado. Había sólo 18 **praenomina**; helos aquí con sus abreviaturas:

A.	*abrev. de*	Aulus	M'.	*abrev. de*	Manius
Ap.	»	Appius	N.	»	Numerius
C.	»	Gaius	P.	»	Publius
Cn.	»	Gnaeus	Q.	»	Quintus
D.	»	Decimus	Ser.	»	Servius
K.	»	Kaeso	Sex.	»	Sextus
L.	»	Lucius	S. o Sp.	»	Spurius
Mam.	»	Mamercus	T.	»	Titus
M.	»	Marcus	Ti.	»	Tiberius

2.ª Otras abreviaturas:

A.	*abrev. de*	Anno	Kal.	*abrev. de*	Kalendae
Aed.	»	Aedilis	Non.	»	Nonae
Cos.	»	Consul	P. C.	»	Patres conscripti
Coss.	»	Consules	P. R.	»	Populus Romanus
HS.	»	Sestertius	S. C.	»	Senatus consultum
Id.	»	Idus	S.	»	Salutem *(en las cartas)*

S. P. D.	*abrev. de*	Salutem plurimam dat *(id)*
S. V. B. E. E. Q. V.	»	Si vales bene est, ego quoque valeo *(id)*

APENDICE II

CLASIFICACION DE LOS VERBOS MAS IMPORTANTES SEGUN LA FORMACION DEL PERFECTO Y SUPINO

Primera Conjugación

I. Perfecto en **-āvi,** Supino en **-ātum.**

amo, *amar,* amāvi, amātum (así se conjugan los llamados verbos regulares de la 1.ª conjugación).

II. Perfecto en **-ui;** Supino en **-tum.**

crepo,	*hacer ruido,*	crepui,	crepĭtum
cubo,	*estar echado,*	cubui,	cubĭtum
domo,	*domar,*	domui,	domĭtum
enĕco,	*matar,*	enecui,	enectum

el simple **neco** hace perf. **necavi,** sup. **necatum**

frico,	*fregar,*	fricui,	frictum y fricātum
seco,	*cortar,*	secui,	sectum
sono,	*sonar,*	sonui,	sonĭtum
veto,	*vedar,*	vetui,	vetĭtum

plico sólo se usa en los compuestos:

explĭco,	*desplegar,*	explicui (o explicāvi)	explicĭtum (o explicātum)
implĭco,	*enlazar,*	implicui (o -āvi),	implicĭtum (o -ātum)

(applico, *aplicar,* y supplico, *suplicar,* perf. -āvi, sup. -ātum)

Carecen de supino:

tonat,	*truena,*	tonuit
mico,	*brillar,*	micui

(Comp. emico, *brillar,* emicui)

III. Perfecto en **-i:**

iŭvo,	*ayudar,*	iūvi,	iūtum
lăvo,	*lavar,*	lāvi,	lautum (o lotum) o lavatum

IV. Perfecto reduplicado:

do, *dar,* dedi, dătum

Do es, en realidad, un verbo irregular, pues su vocal temática -a- es breve, dăre (pero 2.ª pers. pres. ind. dās, imperativo dā). De sus compuestos, los que lo son de un primer elemento de más de una sílaba siguen la 1.ª conjugación:

circum-do,	*rodear,*	circumdedi,	circumdătum
satis-do,	*dar fianza,*	satisdedi,	satisdătum
pessum-do,	*destruir,*	pessumdedi,	pessumdătum
venum-do,	*poner en venta,*	venumdedi,	venumdătum

(**pessum** y **venum** son dos supinos significando *a destruir, a vender*).

Los compuestos cuyo primer elemento es monosílabo, siguen la 3.ª conjugación

ad-do, is, ere, addĭdi, addĭtum, *añadir*
cre-do, is, ere, credĭdi, credĭtum, *creer*
e-do, is, ere, edĭdi, edĭtum, *producir*
tra-do, is, ere, tradĭdi, tradĭtum, *entregar*

V. poto, *beber,* potāvi, potum (mejor que potātum).

Segunda Conjugación

I. Perfecto en -ui, Supino en -ĭtum. Es la formación más extendida en esta conjugación. Ejemplos:

moneo, *advertir,* monui, monĭtum
habeo, *tener,* habui, habĭtum
debeo, *deber,* debui, debĭtum

II. Perfecto -ui, Supino diverso.

censeo, *juzgar,* censui, censum
doceo, *enseñar,* docui, doctum
misceo, *mezclar,* miscui, mixtum
teneo, *tener asido,* tenui, tentum
torreo, *tostar,* torrui, tostum

Perfecto en -ui, sin Supino:

lateo, *ocultarse,* latui
pateo, *extenderse,* patui
studeo, *aplicarse a,* studui
timeo, *temer,* timui, etc.

III. Perfecto -ēvi, Supino -ētum.

deleo, *destruir,* delēvi, delētum
fleo, *llorar,* flēvi, flētum
impleo, *llenar,* implēvi, implētum
compleo, *llenar,* complēvi, complētum
neo, *hilar,* nēvi, nētum
Nótese:
aboleo, *abolir,* abolēvi, abolĭtum

IV. Perfecto en -i con alargamiento de la vocal radical.

căveo, *guardarse,* cāvi, cautum
făveo, *favorecer,* fāvi, f[illegible]tum
fŏveo, *fomentar,* fōvi, fōtum
mŏveo, *mover,* mōvi, mōtum
prandeo, *almorzar,* prandi, pransum
sĕdeo, *estar sentado,* sēdi, sessum
vĭdeo, *ver,* vīdi, visum
vŏveo, *dedicar,* vōvi, votum

Carecen de supino:

ferveo,	*hervir,*	fervi o ferbui
păveo,	*tener pavor,*	pāvi
strīdeo,	*rechinar,*	strīdi

V. Perfecto en -si (o -xi):

ardeo,	*arder,*	arsi,	arsum
augeo,	*aumentar,*	auxi,	auctum
haereo,	*estar pegado,*	haesi,	haesum
indulgeo,	*ser indulgente,*	indulsi,	indultum
iubeo,	*mandar,*	iussi,	iussum
maneo,	*permanecer,*	mansi,	mansum
mulceo,	*acariciar,*	mulsi,	mulsum
rideo,	*reír,*	risi,	risum
suadeo,	*persuadir,*	suasi,	suasum
tergeo,	*enjugar,*	tersi,	tersum
torqueo,	*torcer,*	torsi,	tortum

Carecen de supino:

algeo,	*estar helado,*	alsi
fulgeo,	*brillar,*	fulsi
luceo,	*lucir,*	luxi
lugeo,	*llorar,*	luxi
turgeo,	*estar hinchado,*	tursi
urgeo,	*apretar,*	ursi

VI. Perfecto en reduplicación.

mordeo,	*morder,*	momordi,	morsum
pendeo,	*estar colgado,*	pependi,	pensum
spondeo,	*prometer,*	spopondi	sponsum
tondeo,	*trasquilar,*	totondi,	tonsum

Los compuestos de estos verbos pierden la reduplicación: dependeo, *depender,* dependi; remordeo, *remorder,* remordi; despondeo, *prometer, prometer en matrimonio,* despondi.

VII. Verbos sin perfecto ni supino:

aveo,	*desear,*	maereo,	*estar apesadumbrado*
inmineo,	*estar suspendido sobre,*	splendeo,	*resplandecer,* y otros

Tercera Conjugación

A) Verbos cuyo tema de presente termina en consonante.

I. Perfecto en -vi.

	sĭno,	*permitir,*	sīvi,	sĭtum
Compuesto:	desino,	*cesar,*	desii,	desĭtum
	oblĭno,	*manchar,*	oblēvi,	oblĭtum
	sero,	*sembrar,*	sēvi,	sătum
Compuestos:	consero,	*plantar* (un campo),	consēvi,	consĭtum
	insero,	*plantar,*	insēvi,	insĭtum
	cerno,	*ver* (sin perf. ni supino)		

Compuestos: discerno,	*distinguir,*	discrēvi,	discrētum
decerno,	*decidir,*	decrēvi,	decrētum
sperno,	*despreciar,*	sprēvi,	sprētum
sterno,	*extender,*	strāvi,	strātum
peto,	*pedir,*	petīvi,	petītum
tĕro,	*frotar,*	trīvi,	trītum
quaero,	*buscar,*	quaesīvi,	quaesītum
Compuesto: acquiro,	*adquirir,*	acquisīvi,	acquisītum
arcesso (y accerso),	*hacer venir,*	arcessīvi,	arcessītum
capesso,	*encargarse de,*	capessīvi,	capessītum
lacesso,	*hostigar,*	lacessīvi,	lacessītum

II. Perfecto en -ui.

incumbo,	*echarse sobre,*	incubui,	incubĭtum
gigno,	*engendrar,*	genui,	genĭtum
molo,	*moler,*	molui,	molĭtum
vomo,	*vomitar,*	vomui,	vomĭtum
fremo,	*murmurar,*	fremui,	
gemo,	*gemir,*	gemui,	
tremo,	*temblar,*	tremui,	
strepo,	*hacer ruido,*	strepui	
alo,	*alimentar,*	alui,	altum
colo,	*cultivar,*	colui,	cultum
consulo,	*consultar,*	consului,	consultum
sero,	*enlazar,*	serui,	sertum
texo,	*tejer,*	texui,	textum

III. Perfecto en -si (o -xi).

carpo,	*coger,*	carpsi,	carptum
Compuesto: decerpo,	*coger,*	decerpsi,	decerptum
sculpo,	*esculpir,*	sculpsi,	sculptum
repo,	*arrastrarse,*	repsi,	
serpo,	*arrastrarse,*	serpsi,	
scribo,	*escribir,*	scripsi,	scriptum
nubo,	*casarse* (una mujer),	nupsi,	nuptum
rego,	*regir,*	rexi,	rectum
Compuestos: corrigo,	*corregir,*	correxi,	correctum
pergo,	*continuar,*	perrexi,	perrectum
surgo,	*levantarse,*	surrexi,	surrectum
tego,	*cubrir,*	texi,	tectum
dico,	*decir,*	dixi,	dictum (Imperat.: dic)
duco,	*conducir,*	duxi,	ductum (» duc)
sugo,	*chupar,*	suxi,	suctum
affligo (adfligo),	*derribar,*	afflixi,	afflictum
confligo,	*luchar,*	conflixi,	conflictum
(Nótese: profligo, as, are, avi, atum, *derribar*)			
coquo,	*cocer,*	coxi,	coctum
traho,	*arrastrar,*	traxi,	tractum
veho,	*transportar,*	vexi,	vectum
cingo,	*ceñir,*	cinxi,	cinctum
tingo,	*teñir,*	tinxi,	tinctum
iungo,	*unir,*	iunxi,	iunctum
fingo,	*fingir, formar,*	finxi,	fictum

pingo,	*pintar,*	pinxi,	pictum
stringo,	*apretar,*	strinxi,	strictum
figo,	*fijar,*	fixi,	fictum
mergo,	*sumergir,*	mersi,	**mersum**
spargo,	*esparcir,*	**sparsi,**	**sparsum**
Compuesto: **dispergo,**	*dispersar,*	dispersi,	dispersum
flecto,	*doblar,*	**flexi,**	**flexum**
necto,	*trenzar,*	**nexui y nexi,**	**nectum**
rado,	*raspar,*	**rasi,**	**rasum**
rodo,	*roer,*	**rosi,**	**rosum**
invado	*asaltar,*	**invasi,**	invasum
ludo,	*jugar,*	**lusi,**	lusum
trudo,	*empujar,*	**trusi,**	**trusum**
laedo,	*herir,*	laesi,	laesum
Compuesto: **allido,**	*chocar,*	**allisi,**	**allisum**
claudo,	*cerrar,*	**clausi,**	**clausum**
Compuesto: excludo,	*excluir,*	exclusi,	exclusum
plaudo,	*aplaudir,*	**plausi,**	**plausum**
Compuesto: explodo,	*silbar,*	explosi,	explosum
divido,	*dividir,*	**divisi,**	**divisum**
mitto,	*enviar,*	misi,	**missum**
cedo,	*ceder,*	**cessi,**	**cessum**
premo,	*apretar,*	**pressi,**	**pressum**
gero,	*hacer, llevar,*	**gessi,**	gestum
uro,	*quemar,*	ussi,	ustum
contemno,	*despreciar,*	**contempsi,**	contemptum

IV. Perfectos en reduplicación.

ab-do,	*esconder,*	**abdĭdi,**	**abdĭtum**

Así los compuestos de **do, das, dare,** cuyo primer elemento es monosilábico; **reddo,** *devolver;* credo, *creer;* addo, *añadir;* condo, *fundar,* etc.

sisto,	*parar,*	stiti,	stătum

Compuestos (sin supino): consisto, constiti, *detenerse;* desisto, destiti, *desistir;* **resisto,** restiti, *resistir;* circumsisto, circumsteti, *rodear.*

bibo,	*beber,*	bibi,	(por supino usa potum)
cădo,	*caer,*	**cecĭdi,**	**cāsum**
Compuestos: **occĭdo,**	*morir,*	occĭdi,	occāsum
incĭdo,	*caer dentro,*	incĭdi,	incāsum
recĭdo,	*volver a caer,*	reccĭdi,	reccāsum
pendo,	*pesar,*	**pependi,**	**pensum**
tendo,	*tender,*	**tetendi,**	**tensum**

Compuestos: contendo, *esforzarse,* contendi; ostendo, *mostrar,* **ostendi**

fallo,	*engañar,*	fefelli,	**falsum**
pello,	*expulsar,*	**pepŭli,**	**pulsum**

Compuestos: appello (adpello), *empujar hacia,* **appŭli,** **appulsum** (distíngase de appello, as, are, *llamar*)

expello,	*expulsar,*	**expŭli,**	expulsum
repello,	*rechazar,*	reppŭli,	repulsum
curro,	*correr,*	cucurri,	cursum

Compuestos: con reduplicación: praecurro, *correr delante,* praecucurri, praecursum
Sin reduplicación: succurro, *socorrer,* succurri, succursum.

Con o sin redupl.: **accurro,** *correr hacia,* **ac(cu)curri, accursum**
concurrir, *concurrir,* con(cu)curri, concursum

parco, *perdonar,* **peperci (o parsi) parsum (o parcitum)**
cǎno, *cantar,* **cecĭni, cantum**

Compuesto: **concĭno,** *estar de acuerdo,* **concinui**
tango, *tocar,* **tetĭgi, tactum**

Compuestos: **attingo,** *alcanzar,* **attĭgi, attactum**
contingo, *tocar,* contĭgi
pungo, *punzar,* **pupŭgi, punctum**

Con pérdida de la reduplicación:
percello, *derribar,* **percŭli, perculsum**
tundo, *golpear,* (tutŭdi) (tunsum)

Compuestos: contundo, *quebrantar,* **contŭdi, contusum**
retundo, *embotar,* **rettŭdi, retusum**
diffindo, *hendir,* **diffĭdi, diffissum**
scindo, *rasgar,* **scidi, scissum**
tollo, *quitar,* **sustŭli, sublātum**

V. Perfecto con alargamiento de la vocal radical.

ăgo, *hacer, llevar,* **ēgi, actum**

Compuesto: **cogo,** *reunir, obligar,* coēgi, coactum
frango, *romper,* **frēgi, fractum**

Compuesto: **perfringo,** *hacer pedazos,* perfrēgi, perfractum
lĕgo, *leer,* **lēgi,** lectum

Compuestos: **collĭgo,** *reunir,* collēgi, collectum
delĭgo, *elegir,* **delēgi,** delectum

Nótense: dilĭgo, *amar,* **dilexi,** dilectum
intellĕgo, *comprender,* **intellexi,** intellectum
neglĕgo, *negligir,* **neglexi,** neglectum
ĕmo, *comprar,* **ēmi,** emptum

Compuestos: **redĭmo,** *rescatar,* redēmi, redemptum
dirĭmo, *dirimir,* dirēmi, diremptum

Nótese: **dēmo,** *quitar,* **dempsi,** demptum
sūmo, *tomar,* **sumpsi,** sumptum
prōmo, *sacar,* **prompsi,** promptum
vinco, *vencer,* vīci, victum
relinquo, *dejar,* **relīqui, relictum**
rumpo, *romper,* **rūpi, ruptum**
ĕdo, *comer,* ēdi, **esum**
fundo, *verter,* **fūdi, fusum**

VI Perfecto sin característica.

excūdo, *forjar,* **excūdi, excūsum**
consīdo, *sentarse,* **consēdi**
possīdo, *apoderarse,* **possēdi, possessum**
accendo, *encender,* accendi, accensum
incendo, *incendiar,* incendi, incensum
ascendo, *subir,* ascendi, ascensum
conscendo, *subir,* conscendi, conscensum
defendo, *defender,* defendi, defensum
offendo, *chocar,* offendi, offensum
comprehendo, *asir,* comprehendi, comprehensum
reprehendo, *reprender,* reprehendi, reprehensum

evello,	*arrancar,*	evelli,	evulsum
verto,	*volver,*	verti,	versum
pando,	*desplegar,*	pandi,	passum
vīso,	*visitar,*	vīsi,	vīsum

VII. Verbos sin perfecto ni supino:

vergo,	*inclinarse,*
ango,	*angustiar,*
furo,	*estar furioso*

B) Verbos cuyo tema de presente termina en -u.

I. Perfecto sin característica.

induo,	*vestir,*	indui,	indūtum
exuo,	*desnudar,*	exui,	exūtum
imbuo,	*impregnar,*	imbui,	imbūtum
luo,	*lavar,*	lui,	
Compuestos: abluo,	*lavar,*	ablui,	ablūtum
diluo,	*disolver,*	dilui,	dilūtum
polluo,	*manchar,*	pollui,	pollūtum
minuo,	*disminuir,*	minui,	minūtum
statuo,	*estatuir,*	statui,	statūtum
Compuestos: constituo,	*constituir,*	constitui,	constitūtum
restituo,	*restituir,*	restitui,	restitūtum
suo,	*coser,*	sui,	sutum
tribuo,	*atribuir,*	tribui,	tribūtum
ruo,	*precipitarse,*	rui,	(part. fut. ruitūrus)
Compuestos: diruo,	*destruir,*	dirui,	dirūtum
obruo,	*cubrir,*	obrui,	obrūtum
acuo,	*aguzar,*	acui,	
arguo,	*acusar,*	argui	
congruo,	*estar de acuerdo,*	congrui	
metuo,	*temer,*	metui	
abnuo,	*rehusar,*	abnui	
adnuo (annuo),	*consentir,*	annui	
spuo,	*escupir,*	spui,	spūtum
Compuesto: respuo,	*despreciar,*	respui	
solvo,	*soltar,*	solvi,	solūtum
volvo,	*dar vuelta,*	volvi,	volūtum

II. Perfecto en -si:

exstinguo,	*extinguir,*	exstinxi,	exstinctum
distinguo,	*distinguir,*	distinxi,	distinctum
struo,	*construir,*	struxi,	structum
unguo,	*ungir,*	unxi,	unctum
fluo,	*fluir,*	fluxi,	
vivo,	*vivir,*	vixi,	victum

C) Verbos en -sco. Son los llamados verbos *incohativos* (de incohare, *comenzar*), expresando (originariamente por lo menos) el principio de una acción. Son verbos derivados de otros verbos o de adjetivos.

I. Derivados de verbos simples inusitados.

posco,	*pedir,*	poposci	
disco,	*aprender,*	didĭci	
pasco,	*apacentar,*	pāvi,	pastum
cresco,	*crecer,*	crēvi,	crētum
consuesco,	*acostumbrarse,*	consuēvi,	
quiesco,	*descansar,*	quiēvi,	quiētum
adolesco,	*crecer,*	adolēvi,	
obsolesco,	*envejecer,*	obsolēvi,	
nosco,	*conocer,*	nōvi,	notum

Compuestos:	ignosco,	*perdonar,*	ignōvi,	ignōtum
	agnosco,	*reconocer,*	agnōvi,	agnĭtum
	cognosco,	*conocer,*	cognōvi,	cognĭtum

II. Derivados de simples usados:

inveterasco	(invetero),	*envejecer,*	inveteravi
concupisco	(cupio),	*desear con ardor,*	concupivi
obdormisco	(dormio),	*adormecerse,*	obdormivi
scisco	(scio),	*decidir,*	scivi
effloresco	(floreo),	*florecer,*	efflorui
perhorresco	(horreo),	*estremecerse,*	perhorrui
consenesco	(seneo),	*envejecer,*	consenui
conticesco	(taceo),	*callarse,*	conticui
extimesco	(timeo),	*temer,*	extimui
convalesco	(valeo),	*reponerse,*	convalui
coalesco	(alo),	*arraigar,*	coalui
ingemisco	(gemo),	*gemir,*	ingemui
contremisco	(tremo),	*temblar,*	contremui
exardesco	(ardeo),	*inflamarse,*	exarsi
revivisco	(vivo),	*revivir,*	revixi

III. Incohativos derivados de adjetivos.

percrebesco	(creber),	*hacerse frecuente,*	percrebui
obduresco	(durus),	*endurecerse,*	obdurui
maturesco	(maturus),	*madurar,*	maturui
obmutesco	(mutus),	*enmudecer,*	obmutui
obsurdesco	(surdus),	*ensordecer,*	obsurdui
evanesco	(vanus),	*desvanecerse,*	evanui
ingravesco	(gravis),	*hacerse más pesado*	

D) Deponentes.

fungor,	*desempeñar,*	functus sum
queror,	*quejarse,*	questus sum
loquor,	*hablar,*	locutus sum
sequor,	*seguir,*	secutus sum
fruor,	*gozar de,*	fruitus sum
Compuesto: perfruor,	*gozar hasta el fin,*	perfructus sum
labor,	*resbalar,*	lapsus sum
amplector,	*abrazar,*	amplexus sum
nitor,	*esforzarse,*	nixus (nisus) sum
utor,	*usar,*	usus sum
gradior,	*andar,*	gressus sum
patior,	*sufrir,*	passus sum

Compuesto: perpetior,	*soportar,* perpessus sum	
orior,	*levantarse,*	ortus sum
morior,	*morir,*	mortuus sum
adipiscor,	*adquirir,*	adeptus sum
expergiscor	*despertarse,*	experrectus sum
comminiscor,	*imaginar,*	commentus sum
nanciscor,	*obtener,*	nanctus (nactus) sum
nascor,	*nacer,*	natus sum
obliviscor,	*olvidar,*	oblītus sum
paciscor,	*hacer un tratado,*	pactus sum (pepigi)
proficiscor,	*partir,*	profectus sum
ulciscor,	*vengarse,*	ultus sum
irascor,	*irritarse,*	
vescor,	*alimentarse de,*	
Nótense:		
devertor,	*desviarse,*	deverti (activo)
revertor,	*volver,*	reverti (activo)
fido,	*confiar,*	fisus sum (semideponente)

Conjugación mixta

I. Perfecto en -vi.

cupio,	*desear,*	cupīvi,	cupītum
sapio,	*tener sabor,*	sapīvi	

II. Perfecto en -ui.

rapio,	*arrebatar,*	rapui,	raptum
Compuestos: diripio,	*saquear,*	diripui,	direptum
eripio,	*arrancar,*	eripui,	ereptum

III. Perfecto en -si.

conspicio,	*ver,*	conspexi,	conspectum
illicio,	*seducir,*	illexi,	illectum
elicio,	*atraer fuera de,*	elicui,	elicitum
quatio,	*sacudir*	quassi,	quassum
Compuestos: concutio,	*golpear,*	concussi,	concussum
percutio,	*golpear,*	percussi,	percussum

IV. Perfecto con reduplicación.

pario,	*dar a luz,*	peperi,	partum

V. Perfecto con alargamiento de la vocal radical.

căpio,	*tomar,*	cēpi,	captum
Compuestos: accipio,	*recibir,*	accēpi,	acceptum
decipio,	*engañar,*	decēpi,	deceptum
incipio,	*comenzar,*	incēpi,	inceptum
făcio,	*hacer,*	fēci,	factum
Compuestos interficio,	*matar,*	interfēci,	interfectum
efficio,	*producir,*	effēci,	effectum
perficio,	*acabar,*	perfēci,	perfectum
iăcio,	*lanzar,*	iēci,	iactum

Compuesto: abicio,	*rechazar,*	abiēci,	abiectum
fŏdio,	*cavar,*	fōdi,	fossum
fŭgio,	*huir,*	fūgi	

Cuarta Conjugación

I. **Perfecto en -vi.**

audio,	*oír,*	audīvi,	audītum

(Así hacen la mayoría de los verbos de esta conjugación)

sepelio,	*enterrar,*	sepelīvi,	sepultum

II. Perfecto en -ui.

aperio,	*abrir,*	aperui,	apertum
operio,	*cubrir,*	operui,	opertum
salio,	*saltar,*	salui	
Compuesto: desilio,	*saltar de lo alto de,*	desilui	

III. Perfecto en -si.

saepio,	*cercar,*	saepsi,	saeptum
sancio,	*sancionar,*	sanxi,	sanctum
vincio,	*encadenar,*	vinxi,	vinctum
amicio,	*envolver,*		amictum
fulcio,	*sostener,*	fulsi,	fultum
refercio,	*rellenar,*	refersi,	refertum
sarcio,	*remendar,*	sarsi,	sartum
haurio,	*sacar,*	hausi,	haustum
sentio,	*sentir,*	sensi,	sensum

IV. Perfecto con alargamiento de la vocal radical.

vĕnio,	*venir,*	vēni,	ventum

V. Antiguos perfectos reduplicados.

reperio,	*encontrar,*	reppèri,	repertum
comperio,	*encontrar,*	compĕri,	compertum

VI. Sin perfecto ni supino:

esurio,	*tener apetito*
ferio,	*golpear*

VII. Deponentes.

blandior,	*halagar,*	blanditus sum
largior,	*prodigar,*	largitus sum
mentior,	*mentir,*	mentitus sum
molior,	*mover,*	molitus sum
partior,	*partir,*	partitus sum
potior,	*apoderarse de,*	potitus sum
sortior,	*sortear,*	sortitus sum
experior,	*experimentar,*	expertus sum
opperior,	*esperar,*	oppertus sum
ordior,	*empezar,*	orsus sum
metior,	*medir,*	mensus sum
assentior,	*asentir,*	assensus sum

INDICE

INDICE

Págs